跳跃项目全书

跳远·三级跳远·跳高·
撑竿跳高的技巧、策略和训练

[美] 艾德·雅各比　主编

李宁　满昌慧　译

人民体育出版社

图书在版编目(CIP)数据

跳跃项目全书/(美) 雅各比著；李宁，满昌慧译.
-北京：人民体育出版社，2013
书名原文：Winning jumps and pole Vault
ISBN 978-7-5009-4402-7

Ⅰ.①跳… Ⅱ.①雅… ②李… ③满… Ⅲ.①跳跃项目-运动训练 Ⅳ.①G823.02

中国版本图书馆 CIP 数据核字(2013)第 002297 号

*

人民体育出版社出版发行
三河紫恒印装有限公司印刷
新 华 书 店 经 销

*

787×960 16开本 16印张 235千字
2013年3月第1版 2013年3月第1次印刷
印数：1—5,000 册

*

ISBN 978-7-5009-4402-7
定价：32.00元

社址：北京市东城区体育馆路8号（天坛公园东门）
电话：67151482（发行部） 邮编：100061
传真：67151483 邮购：67118491
网址：www.sportspublish.com
（购买本社图书，如遇有缺损页可与发行部联系）

目 录

前言 ……………………………………………………（1）

第一部分 跳跃和撑竿跳高项目生物力学分析
………………………………………………（1）

 第一章 助跑
  艾德·雅各比（Ed Jacoby）
  ………………………………………………（3）

 第二章 起跳和落地
  艾德·雅各比（Ed Jacoby）
  ………………………………………………（14）

第二部分 各项目技术、战术和训练计划 …………（25）

 第三章 跳远
  克尔·特列斯（Kyle Tellez）
  汤姆·特列斯（Tom Tellez）
  ………………………………………………（27）

 第四章 三级跳远
  布·谢克斯奈德（Boo Schexnayder）
  ………………………………………………（45）

 第五章 跳高
  克利夫·罗维尔托（Cliff Rovelto）
  ………………………………………………（75）

第六章　撑竿跳高
格雷格·赫尔（Greg Hull）
………………………………………………（108）

第三部分　塑造头脑、身体和设计训练计划 ………（141）

第七章　心理训练
凯斯·汉斯切恩　博士（Dr.Keith Henschen）
………………………………………………（143）

第八章　竞技能力训练
威尔·弗里曼　博士（Dr.Will Freeman）
………………………………………………（160）

第九章　设计训练计划
威尔·弗里曼　博士（Dr.Will Freeman）
………………………………………………（211）

附录 ………………………………………………（233）

参考文献 …………………………………………（237）

前 言

艾德·雅各比（Ed Jacoby）

根据教练经历、文献研究和他人提供的信息，我分析了跳跃项目的共性以及不同跳跃项目的区别。

跳跃项目的共性包括以下组成部分：
- 助跑的技术
- 助跑节奏、加速过程、加速过程中肢体变化以及身体角度变化
- 助跑到起跳的转换动作
- 倒数第二步的技术
- 从离心收缩到向心收缩的过程中，起跳时推力的发展和弹力的利用
- 建立有效的助跑距离和加速至起跳的能力
- 视觉控制能力

不同跳跃项目的主要区别是：
- 水平跳跃项目起跳时比垂直跳跃项目要有更高的水平速度
- 每个项目起跳时的技术动作和产生的推力是特定的
- 每个项目的理想起跳角度是不同的

这些要素包括在跑道上的助跑速度，为追求跳跃的最大远度或最大高度使身体处于最佳位置，为减少助跑速度损失而建立合理空中动作，腾空阶段围绕髋关节和其他关节必要或不必要的身体转动。通过对这些因素的深入评价，教练员能发现运动员的各种错误的技术动作，有助于教练员更好的理解所执教项目，并结合运动员速度、力量、发育程度和体型来采用不同的训练方法。

跳跃项目的技术方面是训练的重要部分，也肯定是教授和学习一个项目的主要关注点。然而需要理解的是成功运动员的培养不是仅依靠好的技术，技术的应用要以运动员心理和精神准备为前提，运

动员体能做支撑。教练员必须是以下变量的协调者：运动员——教练员关系，运动员个性特点，运动员发育程度，运动伤病，甚至包括可以利用的体育设施和天气。本书的目的是全面发展运动员的运动能力和提供跳跃训练的方式方法，不仅探讨跳跃的技术因素，还概括了提高技术和成为优秀运动员的全面计划。

这本书呈现了最佳的教练员和教师阵容，提供了头脑、心理和体能训练的计划以及各个跳跃项目的技术技巧。本书的作者都是田径运动领域世界知名的专家，他们与优秀运动员一起参加国际比赛，在教练生涯中经历了许多难题，他们有过成功也经历过困境。本书展现了许多教练员多年积累的成功研究和丰富经验。

鉴于此，我热衷于此书的编写，它包含了提高不同层次运动员和教练员能力的实用方法。在本书的写作过程中，作者们彼此分享经验和研究成果，并相互借鉴。作者们有一个特别心愿：希望本书对新手和有经验的教练员和运动员在训练思维和运动实践中有一定启迪作用。

第一部分

跳跃和撑竿跳高项目生物力学分析

■ 第一部分　跳跃和撑竿跳高项目生物力学分析

第一章　助跑

艾德·雅各比（Ed Jacoby）

　　高效率的助跑是影响跳跃成绩的最重要因素。因此，助跑训练必须强调以下技术：有效的加速、正确的身体姿势和助跑到起跳的转换技术。在任何跳跃项目中，教练员和运动员必须理解助跑的重要性，它能独立地反映出最终跳跃的成功与否。在助跑过程中运动员可以获得动力、速度、冲量和起跳方向。与地面接触提供了成功跳跃所必需的因素，一旦腾空，除了控制旋转外，运动员不能产生有助于跳跃成绩的任何能量。因此，所有的跳跃项目中，可能撑竿跳高项目例外，90%的训练应该强调助跑技术。

　　本章分析了有效的助跑技术以及这些助跑技术环节的衔接。运动员只有拥有正确的助跑技术，才能产生正确的身体姿势、合理的速度和起跳爆发力，才能获得理想的运动成绩。

助跑技术

　　任何助跑类跳跃项目最基本的技术环节就是全力跑，然而各单项的助跑动力学特征是不同的。跳高项目追求最大的垂直能量，三级跳远项目则追求最小的垂直能量。运动员的目的是利用合理助跑技术来获得最大的动力，并且在起跳中保持这种动力，把动力损失减少到最低限度。合理的助跑技术包括步长、步频、摆臂动作和身体姿势等组成部分。

步长和步频

步长是指接触地面的一只脚到另一只脚的距离，它通常用英尺、英寸或米、厘米来度量。在一次正确完成的助跑中，随着从助跑跑道开始加速至倒数第二步，步长是逐渐增加的。步频是指两只脚分别着地时的转换速度，它以百分之一秒来计算。在助跑过程中，包括最后一步，步频和步长一样，必须是逐渐增加的。

助跑速度取决于步长和步频（当然跳跃项目需要最佳速度）。在最初启动的几步中，步长较小，步频较低。在静止状态下，需要花费很大的能量来克服生理惰性，使身体运动起来。当生理惰性越来越小时，步频就会越来越快。在加速的过程中步频是很重要的。助跑时手臂和腿的动作、身体姿势和支撑腿的弹性反应以及肌肉的专项耐力等因素可使运动员获得良好的步频。

步长和步频相互影响，步长太大会阻碍步频（脚着地点离髋关节在地面的投影点太远），步频降低会引起助跑中断或减慢，也会引起肌腱损伤。然而，太快的步频（试图向前牵拉身体而不是向下和向后推动身体）会妨碍对地面产生作用力。没有强壮的腿部和髋关节的支撑力，仅仅提高步频是没有实际价值的（Tellez 2003）。

如今教练员常挂在嘴边的一句行话是"消极的脚部速度"，它指脚向下和向后运动，而不是髋关节尽可能向前移动。一般情况下，我们希望这两种运动速度能达到平衡，最好能缩小差距。助跑时如果脚是放在地面甚至刚超过髋关节，这很明显会降低速度。最好的解决方法是使运动员胫骨与地面成90°角，直接位于髋关节下方。当脚后跟着地时，踝关节跟着缓冲，这个动作会引起小腿肌肉和跟腱紧张，对小腿负荷的施加使支撑腿利用弹性作用而获得更大的推动力（Tellez 2003）。腿对地面的作用力越大，在伸展放松时获得的速度越大，放松时速度越快，足部速度的消极程度越少。为了获得较强的推动力，短跑或跳跃运动员应该知道不能用脚趾着地，脚着地时应该是一个由前脚掌到后脚跟的动作。

一些教练员强调落地腿的预先扒地动作，这是一种错误技术。

腿部动作应该积极着地，但不应是膝关节和踝关节运动的结果。髋关节伸肌的作用和大腿后群肌肉的牵张反射可以使腿部运动速度超过脚部。膝关节有意识的伸压动作只会引起髋关节角速度降低，而髋关节角速度是地面反作用力的主要来源。

摆臂作用

摆臂动作为身体提供了协调和平衡，有助于运动员对地面施加较大的作用力。助跑动作要求手臂向后做快速而有力的摆动，摆臂动作应该从肩开始，前臂保持放松。肘和上臂应该在向后摆动的同时上下摆动。在向后摆动过程中，当手的位置与髋关节平行时，肘关节应该打开，延长力臂以增加爆发力。在向前摆动时，肘关节成90°角，以获得所需的角速度，减少阻力，使上臂迅速回摆复位。

身体姿势

在有效的助跑过程中，身体前倾才会获得加速度。较大的前倾角（45°）应该在加速的第一阶段出现。当运动员达到最高速度时，身体转为直立。相反，身体后仰会在减速的时候出现。通过观察运动员在助跑过程中的身体姿势，教练员可以判断助跑的效率。当运动员在跑道上助跑时，尽管腿部的运动会引起髋部轻微地上下波动，髋部会随着跑速的增加自然升高。

不管运动员助跑速度快慢，身体姿势都是不断变化的。例如：跳高项目助跑速度比跳远要慢，然而，运动员都是从较慢的速度开始，逐渐加速至最理想跑速，身体由前倾逐步过渡到完全直立。运动员在起跳前减速会导致身体后仰，这一点对起跳动作非常不利。

髋关节高度也影响助跑。助跑开始时的起动阶段，要平稳地使髋关节处于脚着地点的正上方。髋关节位置越高，给地面作用力时间越长，步幅也就越大。尽管运动员不能控制自己的身高，但是他们可以学习躯干直立的高重心跑技术。在最初加速阶段后，脚的着地点必须在髋关节下方。步幅过大会引起髋关节高度降低，影响和阻碍脚着地。

加速过程

所有跳跃项目的助跑都是由加速阶段、持续或保持阶段和转换成起跳阶段组成。在加速过程中，从开始助跑加速直至准备进入起跳的倒数第三步（转换），这些阶段紧密联系。接下来较为详细论述各阶段的技术特点。运动员在助跑道的起始端开始加速，以克服身体的惰性，尽可能获得最大的动力，此时身体倾斜角度大约为45°，髋关节处于相对较低的位置。当髋关节升高时，身体逐渐直立，步频加快，步长增加。当身体完全直立时，已经接近最高速度，在转换阶段之前保持这样的速度。随着倒数第二步的脚放平，紧接着最后一步脚放平进入起跳。

当起跳脚落在起跳标志上时，起跳开始。随着起跳脚下落接触地面，运动员尽可能将髋部留在后面。在最初起跳阶段，随着髋关节前移，运动员起跳脚离地前需要尽可能长的时间来克服惯性。当髋关节继续向前做最大幅度的移动时，臀大肌、股四头肌共同作用，髋关节和腿开始向下和向后推压地面。该动作目的是使起跳脚尽可能长时间地作用于地面。与地面作用时间越长，运动员获得的支撑反作用力就越大。

助跑开始时，地面支撑力使身体前倾，躯干大约呈45°角，就像短跑运动员刚蹬离起跑器的姿势，因此这个阶段称为"加速阶段"。在加速阶段身体持续前倾，只不过随后前倾角度会越来越小。逐渐地，步长加长、身体转向直立状态，步频也在增加。

在转换过程中，运动员身体从水平轨迹转化为垂直轨迹。此阶段从踏上倒数第四步的步点标志开始，身体直立，髋关节降低，倒数第二步适当拉长，最后一步缩短，髋关节抬高。在这一阶段，不应该降低速度。

优秀短跑运动员跑百米时在加速阶段努力做到一个"最大化"和一个"最小化"。"最大化"是指尽可能地加速，"最小化"是指把减速降至最低。短跑教练员利用加速曲线来显示加速时间和距离。运动员要竭尽全力使身体达到最高速度，并且短时间内保持这个速度。当神经和肌肉疲劳时，运动员开始减速，因此加速曲线的变化是从慢到快，然后再逐渐变慢（图1.1）。这种速度变慢是运动员不希望的，但却是生理事实。

倒数第二步，协同加速是增加步长和步频的一种方式。最后一步应该略短，以使起跳时重心升高（图1.2）。加速阶段不仅是步长增加，而且同样重要的是步频增加。

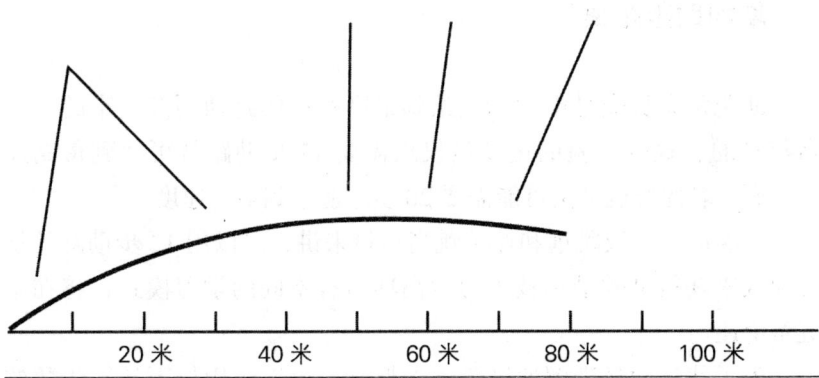

▶图1.1　100米跑加速曲线

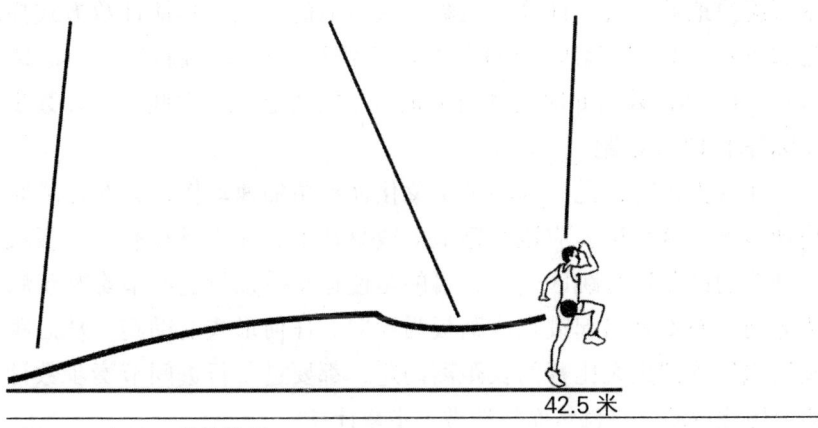

▶图1.2　加速—转换阶段

保持和控制跑速

对于运动员来讲，要想获得高效持久的助跑，合理的助跑距离可以为其提供最有利的速度基础。教练员和运动员应该理解加速和控制步点的重要性。本节将介绍如何确定合理的助跑距离，以及如何利用步点标志来提高运动成绩。

增加助跑距离

助跑距离长短是由运动员达到最高跑速的跑动距离决定的。一名年轻的、缺少经验的运动员仅仅需要 12 步助跑就可达到最高速度，而一名优秀运动员可能需要 20 步才能达到最高速度。

对跳远、三级跳远和撑竿跳高项目来讲，可以用 12 步助跑的学习模式来获得高效助跑技术（跳高项目有不同的学习模式，将在第五章论述）。

为了使运动员理解速度节奏的概念，可以采用如下计算步数的方式：运动员站在跑道上，起跳脚在前，从静止姿势开始，运动员尽可能快地冲出去，计算起跳脚每次着地的次数。具体计数方式描述如下："1（起跳脚落地）、2（起跳脚）、3（起跳脚）、4（起跳脚）"直至 6，数到 6 时运动员离地腾空模仿起跳。因此 6 个计数步实际等于 12 步助跑。

计算步数时，允许运动员形象化地模仿加速动作，并在起跳时增加步频。这个过程应该在跑道上或草地上、而不是在有起跳板或有插斗的助跑道起跳区进行，目的是使运动员以行进间节奏和步频为导向，而不是以起跳点或踏板为导向。任何形式的助跑，从短距离助跑训练到重大比赛的长距离助跑，都要进行行进间节奏步数计算，因此运动员要自然而然地做到步数计算。

经过研究，通常情况下跳远和三级跳远的助跑距离如表 1-1 所示。例如，一名运动员 100 米跑 13.0 秒或 30 米跑 4.7 秒，则他应该在比赛中采用 12 步助跑。如果一名优秀运动员 100 米跑 10.4 秒,则应该在比赛中采用 22 步助跑。

表 1-1 运动员助跑距离估测

30 米跑速度(秒)	100 米跑速度(秒)	比赛中建议助跑步数
4.7	13.0	12
4.5	12.5	14
4.3	12.0	16
4.1	11.5	18
3.9	10.5	20
3.7	10.4	22

摘自:《田径运动技术》(第 7 版),杰夫瑞(纽约,1978)

在运动员训练早期,最好采用 6 个计数步(12 步助跑),在比赛中优秀运动员特别是速度快的运动员要采用 10~11 个计数步(20~22 步助跑)。一旦运动员学会 12 步助跑,就可以增加助跑步数。衡量运动员是否采用适宜助跑步数的首要标志是身体是否直立和起跳时是否达到最高速度。如果身体前倾,说明运动员仍在加速,如果身体后仰,说明运动员已经开始减速。起跳时运动员身体必须完全直立,并且没有有意去够起跳点。教练员应该记住,运动员采用的步数越少,越不容易发生技术错误。当运动员在助跑后期身体姿势改变,或者助跑节奏和步长被打乱,这标志着正在减速,教练员不要给运动员增加助跑距离和步数。只有运动员加速能力和助跑起跳转换能力获得提高,其助跑距离才能增加。

跳高项目的助跑与其他项目类似,不同的是最高速度慢很多,助跑距离就相应短很多。一名跳高运动员一般助跑 9~12 步,助跑距离短是因为过快的速度会使起跳腿不能很好地与地面接触。运动员似乎凭直觉明白这点,助跑的后半段速度相当慢。但这种减速使得运动员起跳前身体后仰,导致水平速度不能很充分地转换成垂直速度。虽然跳高的助跑距离短些,但助跑后蹬技术、加速至最高速度和起跳转换技术与其他跳跃项目是一致的。

步点控制和步点标志

步点控制是指运动员不用眼睛直接观察而准确踏上起跳点的能力。优秀运动员知道如果在助跑中用眼睛观察起跳点将会使身体弯曲，或者去够起跳板——这都会对起跳有不利影响。

好的步点控制往往是非常精细的，这贯穿在助跑的大部分距离中，而不仅仅是在最后几步。想象一下，你正行走在机场的自动通道上，在踩到坚硬的地面之前，你可能会迈一大步或倒几小步来调整你的节奏和步伐，以便在踏上静止的地面上能继续行走。如果我们能自然地进行精细调整，在自动通道上走些调整步，那么从自动通道转移到静止地面所受的节奏干扰就非常小。同样，好的步点控制技术要求运动员在跑道上尽早进行调整，以避免较晚调整对后面助跑所带来的严重干扰。

步点标志是运动员和教练员在助跑中常用的工具，可帮助运动员保持前后连贯性。在跳远、三级跳远和撑竿跳高项目中，最好使用三个步点标志。这些标志通常包括起跑标志、教练员标志和起跳标志。

助跑标志中最重要的是起跑标志，第一步决定连贯性。如果第一步没有踏在正确位置，以后的步子也就无法正确同步。起跑错误不仅会使起跳位置不对，而且还会改变教练员标志的位置，因此，即使后续助跑中准确地调整也不能使运动员完成成功的跳跃。初学跳跃的运动员应该学会从静止状态（参看第6页加速过程）而不是从跑动中或跳跃中开始起跑。其他非静止形式的起跑会在接近起跳板或起跳点时打乱助跑的连贯性。因为起跳时90%的改变来自于助跑的前4步，加速过程也必须持续进行。

最后一个标志实际上就是起跳板或起跳标志。对于跳远和三级跳远项目，不在起跳标志上进行起跳，要么犯规（不丈量成绩），要么在起跳板后面起跳而不能获得好成绩。在撑竿跳高项目中，踏过或远离起跳点起跳还会带来危险。跳高运动员如果太接近横杆起跳，会使运动员在空中没有时间转体；相反，如果起跳点太远，运动员则没有足够的速度去完成助跑到起跳的转化，或者起跳腿屈曲。

运动员一定不要向下观察起跳区。当运动员以明显前倾的姿势开始助跑时，眼睛能够看到前下方的地面。当身体逐渐抬起转为直立时，眼睛能够自动地扫到起跳板或起跳点。然而，头和眼睛随着身体姿势的抬高而上升，聚焦点自然上移离开起跳板、插斗或起跳点。在起跳前向下观察起跳板或起跳点对任何起跳都是不利的，会引起踏跳犯规、助跑减速或在杆下起跳。运动员要做到用眼睛的余光确定起跳点的位置，这是无数次重复练习的结果。

通过训练使用教练员标志，运动员可以知道起跳点的位置。这个标志也被称为中间步点或教练员检查标志。对教练员来说这个标志是非常重要的，教练员可以根据风速、跑道状况、运动员心理状态、疲劳程度和不同赛季等情况帮助运动员在力量和速度方面做出必要的调整。在大多数情况下，教练员检查标志的设置不能引起运动员的关注，它被放置在助跑道上或其附近，通常在起跳标志或起跳板前4步处。训练有素的运动员在距离起跳点4步或6步的范围内做轻微的步幅调整，因为从这一步点起，步幅应该是恒定的，教练员标志因此就在该点的附近。通过在倒数第4步或第6步处放置标志点，教练员能确定运动员的实际步点是向前还是向后移动。有时撑竿跳高教练员把标志点放在起跳点前6步处，增加的两个步长是考虑到竿子下降和插竿的需要。

教练员标志到起跳板的距离一般由后半程助跑的平均步幅来决定。通常情况下，一名优秀男子运动员助跑20步，教练员标志到起跳板的距离为30~33英尺（9~10米）。对于女子运动员，如果助跑20步，这个距离应该是28~30英尺（8.5~9米）。当运动员到达教练员标志时，其身体应该是高重心、直立、接近或达到最大速度。在正确的助跑中，步长的增加应该至倒数第二步。在不影响加速过程和保持身体姿势的前提下，步长的增长应该是逐渐的。如果去够起跳点，会导致速度降低或身体向后倾斜，从而影响起跳效果。

教练员标志判断助跑成功与否的几项因素：运动员是否以连贯的方式进行助跑，起跑标志是否需要向前或向后移动，运动员是跨步去够还是减速去踩起跳板或起跳点，是否有减速情况。最后，教练员标志可以使运动员在比赛中放松心情、增强信心。如果运动员知道正踩在教练员标志上，他们就不再为做调整步伐分心，毫无顾忌地飞一般地跳出去。

如果跳远运动员犯规，在起跳板上踩过了6英寸（15厘米），补救的方法决不仅仅是后移起跑标志6英寸。运动员在后半程助跑过程中低头看起跳板或看地面将很可能尽力去够或拉大最后一步的步幅去踩起跳板或起跳点。而简单后移起跑标志将会使运动员离起跳点更远，很可能引起又一次犯规。

如果运动员助跑时，步点越过教练员标志6英寸（15厘米），可能会踏过起跳点犯规或处于横杆下方起跳。正确的调整方法是仅仅向后移动起跑标志6英寸即可。另一方面，如果运动员步点离教练员标志差6英寸，但仍然越过起跳板6英寸而起跳犯规，则说明后四步过大，正确的调整方法是把起跑标志前移6英寸。除了跳高项目外，所有跳跃项目均可采用这种方法调整步点。

教练员应该定期测定运动员从踏上教练员标志到起跳脚离地之间的最后四步时间。首先应在没有踏跳板的跑道上计时，然后到助跑道上在实际试跳中计时，这两组时间应该是非常接近的。这种方法也可用来确定最有效的助跑距离，能达到最后四步速度最快的助跑距离在比赛中是最恰当的距离。在某些情况下，较长的助跑距离并不能产生最快的后四步助跑速度，因为运动员不够强壮或未发育成熟而掌握不了这种长距离助跑。通常运动员最高的助跑速度要低于其绝对速度，这样可以有效地控制速度，使助跑顺利转换为起跳。

第一部分　跳跃和撑竿跳高项目生物力学分析

图 1.3 提供了所有步点标志的全图，显示了用步数计算系统来确定助跑步数构成，其起跑标志、教练员标志和起跳标志的计算均可用于跳远、三级跳远和撑竿跳高项目中。

全部助跑步数

12		14		16		18		20		
								R		6 count = 12 steps
						L-SP		L		7 count = 14 steps
						R		R		8 count = 16 steps
				L-SP	1	L	2	L		9 count = 18 steps
				R		R		R		10 count = 20 steps
		L-SP	1	L	2	L	3	L		
		R		R		R		R		
	L-SP	1	L	2	L	3	L	4	L	
	R		R		R		R		R	
1	L	2	L	3	L	4	L	5	L	
	R		R		R		R		R	
2	L	3	L	4	L	5	L	6	L	
	R		R		R		R		R	
3	L	4	L	5	L	6	L	7	L	
	R		R		R		R		R	
4	L-CC	5	L-CC	6	L-CC	7	L-CC	8	L-CC	
	R		R		R		R		R	
5	L	6	L	7	L	8	L	9	L	
	R		R		R		R		R	
6	L-TO	7	L-TO	8	L-TO	9	L-TO	10	L-TO	

▶图 1.3　步数计算模式

说明：SP(starting point) =起跑点，CC(coach's check) =教练员标志，TO(take off) =起跳点。教练员标志位于起跳点后 4 步，但对撑竿跳高来说，它也可移到离起跳点 6 步的位置。

第二章 起跳和落地

艾德·雅各比（Ed Jacoby）

当运动员达到理想跑速后，最后两步必须使身体处于合理姿势以便起跳。在脚离地瞬间，起跳速度和角度决定了髋关节的抛物线。然而，一定的身体旋转会影响跳跃成绩。本章介绍起跳速度、起跳高度、起跳角度、起跳和落地间的平衡，以及腾空路线。所有的训练工作和技术练习必须以这些技术成分为中心，否则不能从根本上改善运动员技术，只会流于形式。本章也阐释了运动员如何避免因技术错误而造成运动损伤。

起跳时速度和位置

运动员移动速度——或者从力学角度来说是脚离地瞬间身体中心的速度——很大程度上影响着跳跃距离或高度。每个运动员，无论其力量或发育程度，都必须具备一定的速度以充分起跳。运动员发展绝对速度不可能不顾及跳跃。运动员期望的速度是能理想地把水平跑动的速度转化为垂直起跳的速度。简单来说，运动员助跑至起跳前最后两步时必须保持高速度。过分地追求超越理想速度，会降低起跳效果。

在加速过程中，每个运动员都有特定的助跑距离。年轻选手更是遭受过太快增加助跑距离之苦。在助跑中加速过早或直立过快，会导致助跑转换为起跳时降速。运动员要掌握以最小速度损失由助跑转为起跳的技术。经过不断训练，才能使运动员获得更长的助跑距离和更快的加速度。

由助跑转换为起跳时有两种力量影响运动员：水平速度和垂直速度。这两种速度转化时必须尽可能小的减速或变速。在每一次跳跃中，运动员（根据项目、运动员的力量及发育程度）必须加速到最大水平速度来进行有力的跳跃。这称之为冲量。一般来说，冲量=爆发力×时间，意思是腿在负荷过程中（见后面本部分的讨论）尽可能快地发挥速度和尽可能长时间运用力量的乘积。

水平—垂直速度转换是在助跑最后两步由髋关节稍微降低开始的。在倒数第二步，随着踝关节、髋关节和膝关节的轻微弯曲，落地脚放平时，重心降低就完成了。落地腿的消极或疲软会引起腿过度弯曲，导致臀大肌和股四头肌离心收缩不能有效完成。正确的动作是分摊、弯曲和拉长髋关节和膝关节的肌肉，培养肌肉快速转换到下一步的能力。倒数第二步的力学动作包括：

- 在降低重心过程中，髋关节积极反应。
- 除支撑的脚踝外，跑动过程中身体略微弯曲。
- 脚着地时正在膝关节下方。

在最后的起跳步中，起跳脚也必须完全放平，以使全部力量直接作用于地面或起跳板上。如果起跳脚用前脚掌着地（跖屈）或脚后跟（背屈）接触地面，那么在全脚掌开始产生作用力之前就失去了有效的时间。我把这种全脚掌着地比作朝坚硬的地面上扔一个高尔夫球（快速反弹），与之相反的情况是将一个半充气的篮球同样扔向坚硬的地面（缓慢而无力的反弹），我们的目标如同高尔夫球反弹一样，全脚掌平放落地后是坚固的、肌肉负荷的和充满弹性效果的反应。

起跳时运动员首要任务之一是使身体重心尽可能达到最高。一旦离开地面，由于重力作用，运动员即开始下降趋势。根据身体结构或力学原理，髋关节位置越高，运动员跳得更远或更高的可能性越大。起跳前的三步，运动员的身体应该完全直立，以获得最大的身体起跳高度。如果出于某种原因，运动员速度降低，那么他将不能以特定的速度完成起跳或不能踏到预定的起跳标志，其显著特征是起跳阶段身体向后倾斜，将会对起跳动作产生消极影响。另一个问题是运动员在起跳前最后几步（通常是最后两步）时身体前倾，其原因是运动员仍在努力加速以图达到最大速度或在倒数第二步时支撑脚前脚掌落地造成的。

一些运动员在倒数第二步准备降低髋关节时，身体会向前转动，因为他们在倒数第三步蹬伸过度。例如，一名左脚起跳的运动员，在起跳步之前的左脚最后一步蹬伸用力过度，不可避免地会引起加速和身体前倾。最后三步正确的身体重心降低应该是：左脚支撑身体直立，右脚放平和重心略低，最后左脚放平。

图2.1显示跳远运动员最后两步助跑中身体重心（髋关节）实际降低与升高的曲线，该曲线是对美国锦标赛中卡尔·刘易斯的实战技术分析得出的。

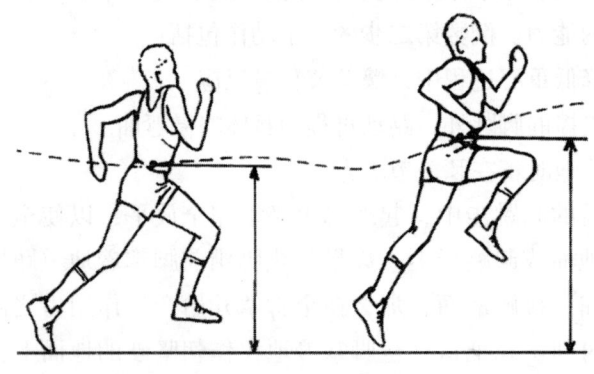

▶图2.1　优秀跳远运动员最后两步助跑髋关节的降低与升高

我们已经讨论运动员在准备离地时要有正确的身体姿势和特有的冲量，在这一点上我们应该强调弹性反应。虽然与短跑的力学原理相同，但是跳跃不仅仅是跑离地面。跳跃是运动员起跳腿能有效发挥弹性作用的各种分力的总和。

在20世纪60年代，生物力学家Geoffrey指出肌肉被拉伸（离心运动）的速度越快，肌肉产生的向心收缩力越大（Dyson，1977）。通俗地讲，这称之为施加肌肉负荷。对于跳跃项目运动员而言，参与运动的主要肌肉包括股四头肌、腓肠肌和臀部肌肉。

之前说过，起跳脚背屈会拉长跟腱，使腓肠肌增加负荷。在接触地面时，膝关节受到牵拉，引起股四头肌收缩，髋关节向前转动，肌肉呈现快速、强烈反应。特别注意的是快速强烈的离心收缩转化为对地面的强大推动力量又施加给了股四头肌。任何抑制股四头肌分担负荷，如起跳腿的后扒动作、股四头肌力量较差、助跑转换的初始速度不足，在起跳阶段都会对地面产生支撑反作用力带来消极影响。

应该指出的是，通过力量的传递，摆臂动作会对起跳腿增加额外作用力。摆动腿的速度具有非常重要的作用，这就是为什么运动员最后一步助跑迅猛的原因。

如本书所陈述的，在起跳前如何对起跳腿和髋部施加负荷存在一些争议。一些教练员认为起跳脚应该像一把铁锤一样积极下压，另一些教练员认为起跳脚应该像一把铁锹放在地上。创造了这些术语的杰瑟斯·达潘纳（Jesus Dapena）博士强调，判断哪种技术更有优势目前还没有明确结论（J.Dapena,pers.comm.）。然而实践证明，肌肉（股四头肌和臀大肌）的蹬伸动作可以使施加于地面的作用力时间延长，为身体重心移动提供尽可能长的工作距离。

起跳角度和飞行路线

当讨论起跳角度时，我记起自己高中作为一名运动员的经历。我的教练会经常说："起来，在空中飞得更高些。"事实上，他想把我像堆干草包一样送到他想要的高度，这其实是一个错误观点。当运动员集中力量把水平速度转化为垂直速度时，起跳效果就会受到影响。所有跳跃项目，包括跳高和撑竿跳高项目（所谓的垂直跳跃项目），起跳角度比一般想象的要低得多。事实上，跳远项目运动成绩80%取决于水平速度，仅有20%取决于垂直速度。

在飞行路线或抛物线中，运动员的身体重心以与之相同的角度向上向下运动。抛物线必须使整个身体能够越过横杆。在水平跳跃项目中，跳跃目标是使身体重心尽可能完成自然的抛物线。不幸的是，运动员脚步落入沙坑总是会阻碍自然抛物线的形成。在跳高项目中，运动员需要有足够的水平速度使身体越过横杆。跳高运动员要产生更大的垂直冲力使身体重心越过横杆，而不是腿越过横杆。飞行是该动作的恰当描述。

　　助跑方向与身体重心轨迹的交角称为起跳角。起跳角被认为是由起跳速度产生的，起跳过程中对髋关节高度有着重要影响。起跳速度越快，在跳跃的飞行路线中髋关节高度就越高。跳跃项目的飞行弧线与大炮发射的炮弹轨迹是相似的。图 2.2 表示并排有两台大炮，在水平方向上有完全相同的发射角。两台大炮的炮弹都是一样的，唯一的区别是炮管里装的火药不同，一台大炮放的是一匙火药，另一台放的是一桶火药。从装有大量火药的大炮中发射的炮弹速度比装有小量火药的大炮中发射的炮弹速度更大，速度更大的炮弹在飞行中高度更高、射程更远。

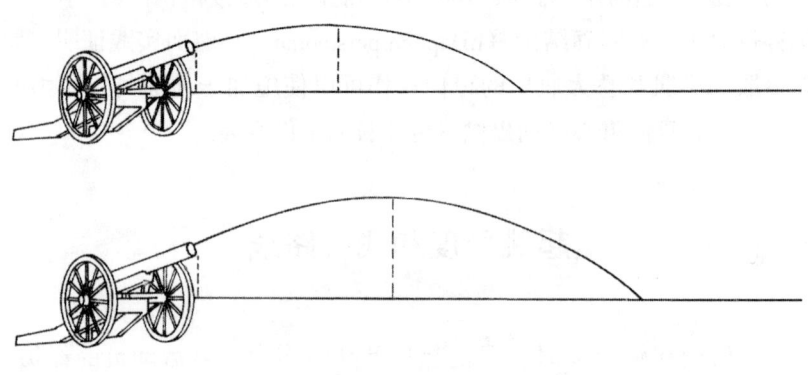

▶图 2.2　低发射速度和高发射速度。具有最大速度的炮弹有更高的抛物线，飞行更远

　　按同样的原理推断，如果运动员以 20°角、每秒 6 米速度离开地面，他的身体重心将提高 7 英寸。如果同一名运动员仍以 20°角起跳，但速度达到每秒 10 米，他的髋关节将升高 22 英寸。因此，运动员的助跑速度越快，起跳的潜力越大。

　　飞行路线或抛物线在起跳脚完成起跳时已经预先决定了。一旦运动员在空中，其路线方向不能再改变，运动员按照与飞行轨迹相同的起跳角度向上或向下运动。

Jesus Dapena博士提供了所有跳跃项目的起跳角度范围。这些结果来源于他多年来对锦标赛运动员资料的研究。资料显示了起跳结束后身体重心的移动方向与水平方向的关系。

跳远 起跳角度范围是19°~23°（图2.3），数据来源于1983年TAC锦标赛上参加决赛的12名男运动员（Hay，Miller和Canterna 1983）。

三级跳远 起跳角度对三级跳远的三跳（单足跳、跨步跳和跳跃）都很重要。三跳的平均起跳角度一般为：单足跳12°~13°；跨步跳10°~15°；跳跃19°~22°（图2.4），这些数据来源于1985年TAC锦标赛决赛中的运动员（Miller and Hay 1985）。

跳高 起跳角度的范围在47°~61°（图2.5）。这一点有些误导，因为据研究，一名运动员如果助跑过深，起跳时会与横杆垂直，他的运动成绩将不理想，其适宜的起跳角也会调整为47°~54°。这些资料来源于印第安纳大学实验室测量的9名成绩最好的男子跳高运动员（Dapena 2000）。

▶图2.3 跳远运动员的转换阶段与起跳

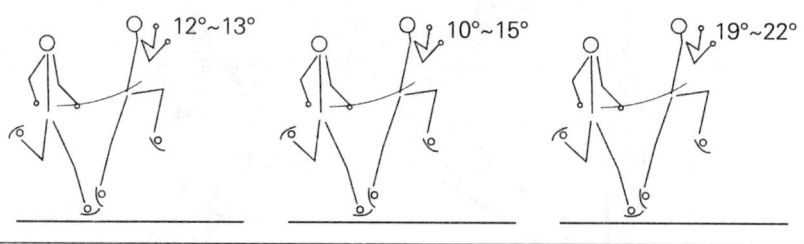

▶图2.4 三级跳远第一阶段（单足跳）、第二阶段（跨步跳）和第三阶段（跳跃）特定的起跳角度

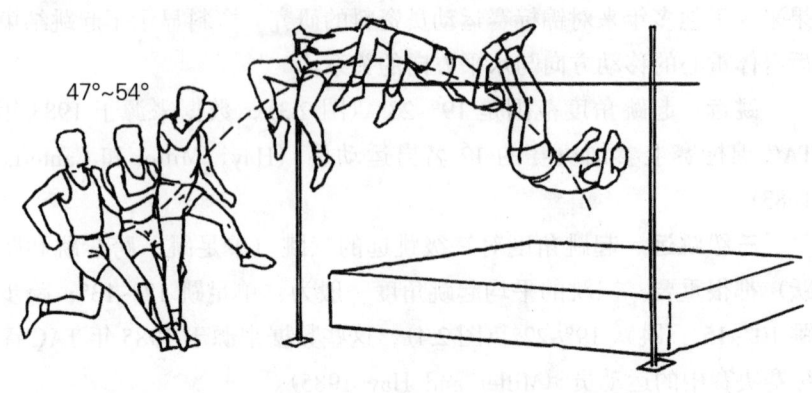

▶图 2.5 跳高起跳角度,也显示沿着横杆的飞行效果。摘自 Dapena,1980,"背越式跳高的转换力学",体育运动医学和科学(12)1:37—44

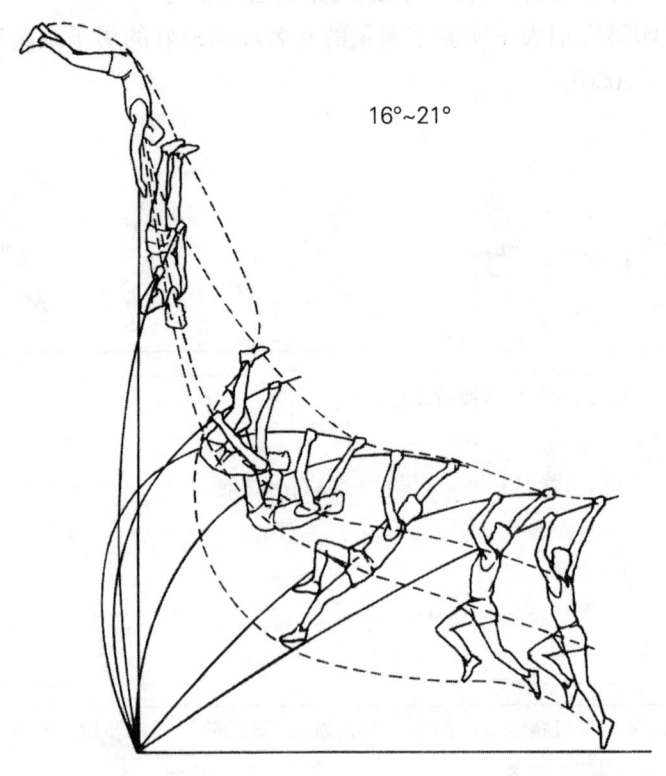

▶图 2.6 撑竿跳高的起跳角度

撑竿跳高 撑竿跳高的起跳角度范围为 16°~21°（图 2.6），这些资料来自于 1988 年汉城奥运会上男子前六名撑竿跳高运动员（McGinnis）。三名美国优秀女子撑竿跳高运动员起跳角度为 18.3°~21.5°。五名优秀男子撑竿跳高运动员起跳角度在 17.9°~19.8°。

如前所述，髋关节下方的起跳脚位置决定起跳角度。跳远和撑竿跳高的起跳脚稍微在髋关节前方。三级跳远单脚跳阶段，起跳脚的位置几乎在髋关节正下方。跳高的起跳脚位置在髋关节前方。脚着地的位置自然决定了起跳角度，它与运动员助跑速度直接相关。跳高运动员必须具有足够快的助跑速度，以便于水平速度转化为垂直速度，然而速度过快，起跳腿就会弯曲。前面已经阐述，真正的决定因素是运动员在助跑转换到起跳时如何保持助跑速度。

平衡和旋转

跳跃项目的最后环节是在空中使身体平衡和绕着髋关节旋转，旋转发生在运动员离开地面后任何时间。首先，起跳角度决定起跳方向，然后手臂和腿的相互运动也会影响身体的旋转。在跳远和三级跳远项目中，运动员空中飞行的目标是利用已经建立的抛物线移动或调整身体的不同部位，使起跳产生的前旋变慢。髋关节的旋转最初是由起跳脚落地动作、起跳速度和起跳角度决定的，控制旋转的目的是跳高项目的过杆或其他项目有效、更远和安全的落地。

一般来说，在飞行中抛物线的方向不能改变，然而控制手臂和腿围绕身体的运动有助于运动员建立合理的过杆姿势，或者在跳远和三级跳中创造理想的落地动作。牛顿的第三运动定律认为每一个作用力都有相等的反作用力。例如，跳高项目过杆时，头部向着胸部方向上抬会引起腿部上升，这是运动员为使腿部过杆而有意识抬头的结果。

肢体旋转速度与杠杆长度增加或减少有关。弯曲的肢体旋转快些，伸长的肢体则慢些。花样滑冰队员的手臂向外伸展时，身体旋转变慢，手臂贴近身体时，身体旋转加速。手臂、下肢和躯干的拉长或缩短很大程度上影响身体轴线的旋转速度。每个项目有不同的旋转方式。

在撑竿跳高项目中，有两个重要的旋转，竿子在穴斗里的旋转和运动员绕杆的转动。竿子的速度是由运动员在杆上重心的高低所决定的。像音乐节拍器，如果推动滑块上升，节拍器摆动变慢；如果滑块下降，节拍器节奏变快。撑竿跳高运动员的首要任务是保持竿子的速度，因此，在插竿阶段髋部要保持在较低位置，以使竿子以较高的速度运动。在跳高项目的绕杆旋转中，运动员伸展四肢可以使旋转变慢；因此，运动员身体应该用力团身使其顺利过杆。聪明的教练员要理解运动员在空中时肢体的相向运动原理。

在跳远和三级跳远项目中，一个特别问题是起跳时身体在踝关节以上向前旋转（踝关节为轴），这是铰链运动引起的，起因是脚的快速减速，引起上体的突然加速。当脚突然制动时，助跑的动量向上体转移。这意味着上体快速向前旋转，以致缩短了抛物线的长度，向前旋转使脚过早地落入沙坑。起跳越有效率，前旋越少，然而前旋总是要发生的，如果不进行克服，将会使运动员过早落地。

在跳远和三级跳项目中，挺身式或走步式动作可用于消除或减少前旋。走步式是臂和腿顺时针—逆时针的转动以对抗上体的旋转，如此便可以消除部分或全部起跳时产生的前旋。第三章对走步式技术动作进行详细阐述。

安全和有效落地

安全问题在随后涉及到具体项目的章节中均有阐述，不过对所有跳跃项目运动员而言，有一些共通的原则对预防运动员损伤会起到积极作用。大部分损伤来自于一只脚或两只脚的不正确着地。一般有以下原因：

- 助跑阶段脚不正确着地。
- 起跳阶段脚不稳定支撑。
- 脚触地或落地时肢体用力顺序不正确（力量的转换或转移）。

- 腿、髋关节、躯干等部位用力不足。

从安全和效率角度考虑，助跑或起跳阶段运动员不应该减速。冲量的减少通常是以下原因引起的：1.身体后仰时脚着地；2.在起跳阶段过分强调高度（速度减慢、脚向前够）而不是助跑速度。这两种动作都会引起踝关节、膝关节、髋关节和股后肌群承受较大的压力。另外，这些动作会影响起跳能力。脚的落地位置位于髋关节前是引起运动员受伤的首要原因，也会造成起跳效果较差。

起跳脚的稳定性也是预防受伤的重要因素。在放置起跳脚的过程中脚不应该前后滑动。在跳高项目中意味着脚跟与脚掌的连线与

助跑方向一致，以便整只脚承受沿着同一直线和来自同一方向的压力之和。脚步滑动通常由以下因素造成：不合适的运动鞋（如起跳脚的鞋跟没有钉子），跑道上有水打滑，助跑道材质太差，地面有杂物，鞋子太破旧，或鞋子不合脚等。然而，正像前面提到的，最大的问题是与运动员重心有关的起跳脚的摆放位置。另外，起跳脚不应该是脚跟或脚趾先着地。在跳高项目中，如果脚跟先着地，脚会沿着平整的地面滑行。

运动员不能合理安排运动顺序常常与肌肉力量差交织在一起。运

动员对地面施加很大的力量产生起跳冲量，这些力量又反作用于人体，但不应是肌肉开始发力之前产生。合理的运动顺序应是力量的产生、储存和最终的转化。这过程包括参与离心收缩的肌肉。肢体必须有足够的力量，不仅是承受，还能将这些力量转化和组合，以便起跳和落地。一般来讲，我们倾向于认为在倒数第二步和起跳阶段利用这些力量，不过在落地阶段同样也需要力量和力量转换能力。相向肢体肌肉力量的转化能力与时机也是很重要的。起跳腿和摆动腿所需的力量是必须相等的或接近相等的。最后，运动员和教练员必须记住落地力量是通过整个肢体转换而成的，而不仅是个别关节作用的结果，落地应该是一系列积极动作的结果，而不仅仅是撞到沙坑或地面上。我们知道的大部分运动损伤来自于踝关节、膝关节、髋关节和股后肌群，上述的一些观点能让你的跳跃更有效，而且肯定能减少运动损伤。

第二部分

各项目技术、战术和训练计划

■第二部分 各项目技术、战术和训练计划

第三章 跳远

克尔·特列斯（Kyle Tellez）
汤姆·特列斯（Tom Tellez）

由于缺少教练员和运动员的关注，跳远被称之为最被忽视的田赛项目。多半时候是教练员对优秀的短跑运动员说，"去跳远吧"。许多人并不了解有效的跳远技术以及如何培养和挖掘运动员的潜力。

本章对跳远项目进行了专题描述，集中在项目整体技术和分解技术，包括：助跑技术及分解、步长、转换阶段、起跳、腾空和落地。另外还有赛季训练计划和练习手段。

本章着重介绍了符合生物力学特征的合理的技术，以及一些优秀男女运动员的技术分析。不同的跳跃形式要求不同的技术，但其目的都是为了追求优异的运动成绩。

准备活动和放松活动

像其他项目一样，运动员赛前进行准备活动，不但可以提高运动成绩，而且还可以防止受伤。准备活动具有提高体温、调动与运动有关的神经和肌肉，并帮助运动员提高在跑道上的自信心，使其能够应付不利的局面。

拉伸练习应该是每日训练中准备活动和放松活动不可或缺的内容。因为肌肉温度升高时才可以进行拉伸，所以轻松的慢跑应该是在拉伸之前进行。所有的拉伸动作都应该以一种缓慢的、静态的方式进行，不能使用强力或猛力，否则不仅不能预防损伤，反而会造成伤害。无论训练中是否有助跑或力量练习，训练结束后，运动员都应该通过拉伸和慢跑来缓解肌肉紧张，达到放松目的。

运动员关键的目标是在专注于助跑跳跃模式的同时仍保持放松状态，这需要反复训练。不要仅考虑到单个动作，也不要考虑可能会遇到的消极问题。当开始起跳时，运动员应该像自动飞行器一样行动。在助跑前轻微活动和加速跑练习是有益的，但仅仅是保持和激发神经和肌肉的唤醒水平。每个运动员都要考虑和制定最适合个人生理和心理需要的例行计划或准备活动，这一点是非常重要的。

助　跑

　　田径运动中跳跃项目的大部分世界纪录是成功助跑和起跳的直接结果，因此教练员和运动员必须花费大量时间来训练助跑和起跳的合理技术。

　　跳远项目的首要目标是发展持续加速、快速连贯的助跑。运动员开始助跑时通过脚向后下方蹬伸地面向前移动。另外，助跑开始时身体与地面呈轻微倾斜（45°）。当运动员加速时，身体逐渐抬升，直至倒数第六步完全直立（垂直于地面）。一旦进入全速冲刺跑姿势，运动员通过蹬伸地面持续获得加速。

　　在助跑开始阶段身体是从静止状态开始启动的。一旦起动，身体需要一段时间加速至全速，助跑应该是一种逐渐加速的过程。许多缺乏经验的运动员易犯错误是加速太快、太早，能量的预先支出会引起助跑后期的减速，起跳时速度会降低，导致运动成绩不理想。

为了完成有效的起跳，跳远运动员应该在助跑中达到最高的可控速度。身体直立、不断增加的步幅和步频以及速度标志着运动员达到最高可控速度，此时即可由水平速度转换成垂直速度。

运动员的助跑距离应该在12~19步之间。助跑能力一般取决于运动员的经验、短跑技术和身体条件。助跑距离越长，运动员获得持续的助跑速度就越困难，因此，缺乏经验的运动员，应该用12步的较短距离来助跑。然而，当运动员通过训练提高了经验水平、短跑技术和身体能力后，可以延长助跑距离至14步，最终至19步（注：如果运动员助跑开始在前的脚与起跳脚相同时，助跑步数为双数，反之则为单数）。

一次成功的助跑取决于前2步或3步是否连贯，这就意味着运动员必须训练助跑节奏。如果助跑不连贯，通常是因为前面2步或3步不连贯。教练员和运动员应该多次重复短距离助跑和全程助跑的练习，并集中于前2步或3步的连贯来提高全程助跑的连贯性。

助跑的最后两步是非常重要的，因为需要尽可能保持足够的速度准备起跳。在倒数第二步，运动员身体重心降低（图3.1，a~c）。这一步步长比最后一步大是因为加速过程中身体重心下降，支撑腿的膝关节和踝关节屈曲。在倒数第二步，运动员应该感觉到身体降低或收紧的感觉，因为倒数第二步与正常的助跑步子不同，运动员不能只是跑过这一步，必须在倒数第二步时身体就开始做准备，降低重心，而不是放慢速度。另外，脚要平放于地面。

因为要提高重心，最后一步比倒数第二步短（图3.1，d~f）。当起跳脚和地面接触时，脚要放平，并且稍微在身体重心前，起跳腿略弯曲，在弯曲过程中起跳腿肌肉进入积极牵拉阶段或离心收缩阶段。紧接着起跳腿积极蹬伸，进入肌肉缩短或向心收缩阶段。当起跳腿的肌肉先于向心收缩阶段被牵拉，弹性势能被储存，起跳腿获得能量。

运动员应该把最后两步看作"长—短"步，这有助于其建立有效的起跳。运动员应该避免最后一步去够踏跳板而导致最后两步成

"长—长"步。往前够或者起跳脚放置离身体太靠前会引起制动，影响运动成绩。

在最后两步，运动员放松并保持助跑速度是很关键的，他们必须在最后两步积极摆臂，停止手臂的摆动会导致起跳时速度降低。

运动员刚开始训练时，最好先练助跑不练起跳，这使得他们能专注于助跑本身，在反复练习中发展持续加速能力（能量的逐步分配）、步幅模式和节奏。甚至有经验的运动员也能从不带起跳的助跑练习中受益，在跑的连贯性和节奏方面获得进一步提高。

为了帮助运动员在助跑中获得连贯性，教练员可以在距离起跳板4步处放置检查标志，此标志的位置由运动员的步数来决定，距离终点4步。运动员应该进行多次重复跑以保证助跑的稳定性，然后教练员在跑道上放置测量后得到的步点标志。检查标志应距离26~31英尺（8~9.4米）。从起跳板到最后4步检查标志的距离是由运动员的身高、助跑速度和助跑距离来决定的。有经验的运动员——身材高大，速度快，助跑18步或更多步数——检查标志在31~32英尺（9.4~9.8米）。32英尺的检查标志相当于最后4步每步平均为8英尺。没有经验的运动员——身材矮小，速度不快，只能进行12步助跑——检查标志应该在26英尺（8米）处。如果在比赛中，跳远运动员踩在27英尺（8.2米）的4步标志处而不是原来设定的31英尺（9.4米）处，那么运动员太靠近起跳板了，会引起犯规或缩短后4步的距离以便踏上起跳板。

助跑练习

由于跳远成绩首先取决于助跑速度，其次取决于这种速度转化为起跳的能力，因此运动员训练应该集中发展这些技术。

>>> 助跑起动阶段 <<<

目的

训练助跑如何起动和身体逐渐达到完全直立状态。

练习

在助跑的起动阶段,运动员进行站立式或后倾起跑,通过前两步尽可能长地接触地面推动身体向前,此时上体与地面接近45°角。从这时起,通过逐渐增加节奏的6~8步助跑,运动员身体达到完全直立状态。一旦身体完全直立,练习目的已达到,则减小腿部蹬伸力量,降低步频。

>> 转换和倒数第二步 <<

目的

在慢跑中养成"右,左,右,左,放平——放平,起跳腾空"的节奏。

练习

在准备活动或慢跑中,运动员按下列顺序进行练习。在倒数第二步,髋部略降低,在起跳过程中,落后臂做360°绕动。当这个基本动作熟练后,运动员就可以把加速阶段和转换阶段结合起来练习。以中等速度6步助跑完成前述动作后,运动员就可以用更高的速度加速8~10步,直至全程。

起 跳

起跳是跳远项目的关键环节。当跳远运动员起跳离开地面时,身体重心形成抛物线轨迹。一旦运动员在空中,预定的飞行路线将无法改变,因此,正确的起跳技术训练非常重要。

起跳的目标是使起跳腿获得能量，产生作用于运动员身体重心的垂直冲量。当运动员起跳脚平放于地面时，起跳腿获得弹性能量、垂直冲量或推力（图 3.2，a~c），这种作用于起跳腿的垂直冲量使运动员身体向上并腾空。

起跳脚应该放在身体正前方着地，以保证产生最大的垂直作用力（图 3.2，e~f）。起跳脚必须全脚掌平放在起跳板上，脚跟先着地会产生起跳制动，脚尖先着地使起跳腿在着地冲击力下失去稳定性，导致起跳腿弯曲或被压垮，也会阻止起跳腿获得能量。运动员是不应该试图用起跳脚后扒或后拉来起跳的。

起跳时运动员最好的身体姿势是直立且垂直于地面（图 3.2，g），另外领先腿的膝关节和对侧手臂应该向上摆动，以增加对地面的垂直作用力（图 3.2，h~i）。

教练员应该鼓励运动员首先考虑的是在起跳板上的起跳，然后才是助跑与腾空。仅仅只关注助跑腾空，会导致起跳腿不能有效储存能量，难以产生垂直冲量。当运动员起跳时，身体继续抬升并腾空离开地面。

由于助跑过程中产生的水平冲力，跳远的起跳角很少超过 25°。当离开地面时运动员应该将视线向上、向远处看，而不应该低头看起跳板或沙坑。起跳时运动员不应该过分强调跳得太高，太大的起跳角通常会使运动员减慢速度以获得高度，失去起跳时所需的关键的速度。跳远运动员应该记住跳的是远度而不是高度。

8 步短距离助跑可以帮助运动员练习起跳技术。短距离助跑起跳练习使运动员在速度较慢的情况下，专注和集中于起跳技术。另外，也可以使运动员在练习中多跳几次，而不会因为跑得太多感觉到疲惫。

起跳练习

起跳练习的关键是跑离地面或跳离地面。要非常积极地离地，不损失水平动量。运动员身体应该完全直立，头和眼睛应该向前。

必须强调起跳脚离地前髋关节在水平方向和垂直方向上要有最大的移动距离。运动员应该获得尽可能大的冲量。

》》 腾空步练习 《《

目的

获得地面的推动力。

练习

这个练习强调强有力的起跳和起跳前旋时身体的平衡。此练习对挺身式跳远和走步式跳远都是适用的。只用于短距离助跑，可能短到只有三步（左，右，左）。

在转换阶段，积极的摆臂引领起跳，领先臂向前向上摆动到与眼齐高并保持在此位置，落后臂向后摆到臀后方接近伸直。此时身体有些僵硬，像是个雕塑，也不向前旋转。运动员保持这种姿势，直至落地。飞行阶段唯一的肢体运动是落后臂转动大约300°。领先脚与后腿的膝关节同时落在沙坑中，落地后运动员要保持这个没有旋转的腾空步姿势。运动员可以穿长运动裤或者其他保护性服装来保护膝关节。

>> 交换步 <<

目的
发展走步式跳远技术。

练习
运动员应该采用短距离助跑进行这个练习。与腾空步练习一样,运动员起跳,保持腾空步一小段时间,但是随后在空中以画圆形式交换领先腿和落后腿,最终起跳脚接触沙坑,原来的领先腿向后画圆摆动,并在起跳脚落地的同时膝关节也落地。此练习使两腿前后交换,同时手臂逆时针转动。运动员可以穿长运动裤或其他保护性服装以保护膝关节。

>> 领先臂摆动 <<

目的

发展走步式跳远的领先臂摆动技术。

练习

一般来讲，跳远运动员在落后臂旋转技术上不存在困难，而领先臂反向旋转技术掌握不好。为帮运动员练习反向摆臂技术，教练员可以悬挂一个带绳的球或其他物体，运动员的领先臂按要求转动360°，在这个过程中领先臂在身体后方接触到悬挂物体。从6步到8步助跑开始，最后至更长距离，运动员起跳进入沙坑，领先臂旋转摆动至肩后位置时尽力去触及悬挂物体。

第二部分　各项目技术、战术和训练计划

▶图 3.1 单步走步技术

落　地

要理解落地技术，就要理解抛物线的飞行原理。绘制跳远运动员的重心轨迹就像绘制球的重心轨迹一样。为获得最远距离，球必须完成抛物线而落地。然而，人体有头、上肢和腿，这些部位会减少球（身体重心）的飞行距离。当重力在球的前方时，身体会发生旋转。因为身体形成完整抛物线前，脚已经落进沙坑了，所以人的身体不能达到最后的远度。

当运动员在空中时，其目标是转动身体形成有效的落地姿势以获得最大的跳远距离。一旦起跳离地，运动员将不能改变身体重心的飞行轨迹。

走步技术可以抵消运动员起跳时产生的身体前旋。当运动员在空中时，走步技术要求手和腿反向转动。最为贴切的描述是脚落在沙坑之前手臂和腿持续做轮转动作，其作用是建立第二次转动来克服跳远运动员离开地面时产生的前旋。初级运动员能单臂和单腿转动，而高水平运动员则可以双臂和双腿转动。

图 3.1 表示单步走步技术，图 3.2 表示双步走步技术。腾空时通过手臂和腿的画圆动作，运动员保持身体直立，形成有效的落地姿

势。如果运动员不通过手臂和腿的画圆动作来对抗向前旋转，身体则会继续前旋以至形成脸部朝下的落地姿势。

跳远项目的另一种空中技术是挺身式。这种技术和走步式要完成的任务一样，在空中克服前旋以获得良好的落地姿势。挺身式跳远中运动员在起跳后将肢体展开伸长，而不是转动手臂和腿。手臂向上伸展过头顶，腿在运动员身体重心的下方。走步式技术比挺身式技术更有效率，因为它能更多地抵消向前旋转，在起跳时速度损失较小（Ecker 1996）。

不管是挺身式技术还是走步式技术，要获得有效落地，运动员需向下和向后伸展摆动双臂（图3.1的m~n和图3.2的m~n）。双臂的这一动作使得腿向躯干抬升并靠近身体重心，因此双臂的动作引起腿相等的反向作用力。当运动员接触沙面时，膝关节弯曲折叠以进行缓冲（图3.1的o~p和图3.2的o~p）。另外双臂向前摆动，可以帮助运动员加大向前的动量，避免身体后倒。

最好的跳跃动作是出色的助跑和起跳的直接结果，因此，运动员跳跃技术动作存在着空中不理想的转动和落地不太有效的问题时就要注意助跑和起跳了。不正确的起跳脚的摆放会引起无效的落地。起跳前过分前伸起跳脚或步子过大，会产生制动。把脚放得离髋关节太远，会引起身体过分向前旋转，不能获得有效作用力。造成上述动作的关键是重心太低。缺乏经验的运动员的脚着地造成未经抑制的身体前旋是主要原因。

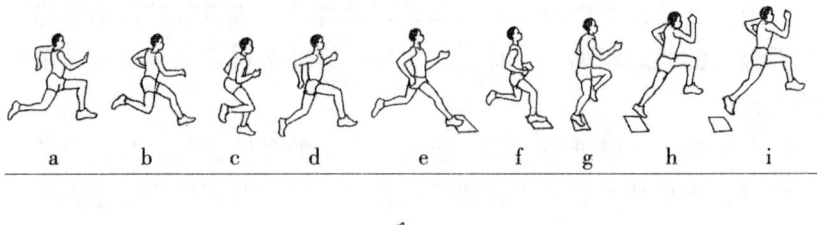

▶图3..2 两步走步技术

落地练习

>> 升高位置的起跳和落地 <<

目的

练习正确的起跳、髋关节蹬伸技术、手臂动作、落地动作。

练习

该练习可直接在跑道上或在6英寸（15厘米）高的箱子上进行。短距离助跑后，运动员起跳后使用挺身式或走步式落入铺上垫子的沙坑或体操垫。在落地前，运动员尽可能抬高膝关节，以臀部、脚和手同时落地。这会阻止身体前旋，使手臂和手向后摆动至髋部后方（这样身体重心的移动落在抛物线后），产生髋部朝脚滑行的感觉。

>> 滑步技术 <<

目的

练习身体向前滑动技术。

练习

这是上一个练习的高级版本。运动员快速助跑跳进沙坑中，落地瞬间只有脚接触沙面。双臂摆至髋关节后面，双腿立即弯曲，在脚着地前，使髋部与脚向前滑行。

竞赛战术

不良的天气状况会影响运动员的成绩，最主要的是坏天气会影响运动员的助跑。因此，在恶劣天气时，运动员应该在正式比赛前全力完成几次全程助跑，大部分的问题都可以通过教练员标志查明。如果运动员在跑道上与正常天气条件下一样努力助跑时，就应该作出必要的调整，使其准确踏上教练员标志，可以将起跑标志向前或向后调整。逆风尤其会使运动员到达教练员标志时发生大的改变。

在寒冷和多风的条件下，运动员应该花更多的时间做准备活动，并在比赛时保持身体温暖。在某些情况下，教练员可以决定运动员不必完成所有试跳次数。在特别寒冷和大风的环境中，身体很难保持温暖。

根据风力、下雨或寒冷等天气状况，运动员和教练员必须进行调整。如果有较强顶风的话，运动员的步点应该前移 6~12 英寸（15~30 厘米），以保证准确到达教练员标志和起跳板。在强烈顺风中运动员需要把步点后移 6~12 英寸（15~30 厘米）。

无论外界条件如何变化，教练员和运动员必须作出相应调整，运动员应该听从教练员建议，信任教练员，把精力集中于教练员而不是其他参赛队员。

训练建议

一般来说，跳远训练就是短跑训练，反之亦然。助跑技术和速度无疑是决定跳远运动员成绩的主要因素。在短期和长期的训练计划中，需要进行速度、力量和技术训练。

和其他项目一样，跳远技术训练必须循序渐进。在早期训练阶段，需要进行一般身体素质训练，例如耐力和力量训练。过一段时间后，则需要增加专项耐力和专项力量训练，在速度和跳远专项技术方面达到顶峰。

不管是中学的、高校的还是更高级别的运动员，都必须制定训练计划。计划的制定是从参加重大比赛的日期回溯到开始训练的日期。一些运动员有一年时间去准备，而年轻运动员则可能只有两三个月的准备时间。不管怎样，一般身体素质、专项技术训练和速度训练必须包含在运动员的赛季准备计划中。要记住，尤其是对待年轻运动员，热身活动中可以而且应该增加跳跃和短跑的个人技术。热身活动应包含强调个人技术并结合跳远专项的基本练习，这些练习应特别包括加速、转换阶段、起跳动作和空中动作等的练习。

记住以下重要因素：短跑技术、身体姿势、从水平速度至起跳的转换、起跳脚的放置、空中动作和落地。这些因素可以被分解成单个部分并能逐一提高，进行技术训练时要注意运动员都是唯一的，有各自的优点和弱点。

跳远训练计划示例

九月至十月中旬（一般准备阶段）		
周一	跳远练习 力量练习：高翻、卧推、深蹲、引体向上、双杠臂屈伸、腿弯举（所有练习3×10次，60%最大强度）	一般准备阶段周二训练计划示例： ● 准备活动：800米慢跑 10分钟拉伸肌肉练习 4×60米加速跑 ● 500—400—300米放松跑，8~10分钟组间休息 ● 放松跑800米
周二	500—400—300米或2×500米+4×100米练习	
周三	循环练习：跳台阶练习、俯卧撑、跳绳、深蹲、实心球摆动、实心球头上投掷、实心球胸前传球（所有练习2×30秒，组间休息20秒） 肌肉增强训练：跳栏架（2×8栏），跳箱练习（2×8个跳箱）	
周四	6×150米或8×100米	
周五	运动场看台跳台阶练习 力量练习：高翻、斜板卧推、颈前负重深蹲、引体向上、杠铃弯举、腿部弯举、双杠臂曲伸（所有练习3×10次，强度小于周一） 8×运动场台阶练习	

(续表)

周六	休息	
周日	慢跑 10~15 分钟	
十月中旬至十二月（专项准备阶段）		
周一	跳远助跑练习 力量练习：高翻、卧推、深蹲（所有练习 4×5 次，80%最大强度）；引体向上、双杠臂曲伸、腿部弯举（所有练习 3×10 次）	专项准备阶段周一训练计划示例： 准备活动：慢跑 800 米 10 分钟拉伸肌肉练习 4×60 米加速跑 8~10 次长距离助跑、加速跑、确定助跑的教练员标志 放松跑 800 米 力量练习
周二	400—300—200 米或 2×400 米+4×100 米练习	
周三	循环练习：跳台阶练习、俯卧撑、跳绳、深蹲、实心球摆动、实心球头上投掷、实心球胸前传球（所有练习 3×30 秒，组间休息 30 秒） 肌肉增强训练：跳栏架（3×8 栏）、跳箱练习（2×8 个跳箱）	
周四	6×150 米或 8×100 米	
周五	短距离助跑跳跃、运动场台阶练习 力量练习：高翻、斜板卧推、颈前负重深蹲（所有练习 4×5 次，重量轻于周一）；引体向上、臂弯举、腿部弯举、双杠臂曲伸（所有练习 3×10 次）	
周六	休息	
周日	慢跑 10~15 分钟	
一月（室内比赛阶段）		
周一	跳远助跑练习 力量练习：高翻、卧推、深蹲（所有练习 4×5 次，80%最大强度）；引体向上、双杠臂曲伸、腿部弯举（所有练习 3×10 次）	比赛阶段周三训练计划示例： 准备活动：800 米慢跑 10 分钟拉伸肌肉练习 4×60 米加速跑 8~10 次短距离跳跃 6~10 步助跑，强调倒数第二步 放松跑 800 米 力量练习
周二	300—200—100 米	
周三	短距离助跑跳跃 力量练习：高翻、斜板卧推、颈前负重深蹲（所有练习 4×5 次，重量轻于周一）；引体向上、臂弯举、腿部弯举、双杠臂曲伸（所有练习 3×10 次）	

(续表)

周四	90—80—70—60 米或 6×60 米	
周五	休息	
周六	比赛	
周日	休息	
二月（比赛阶段、室内比赛高峰期）		
周一	跳远助跑练习 力量练习：高翻、卧推、深蹲（所有练习4×1、2 或 3 组，85%~100%最大强度）；引体向上、双杠臂曲伸、腿部弯举（所有练习3×10 次）	竞赛阶段周三训练计划示例： 准备活动：慢跑800米 10分钟拉伸肌肉练习 6~8步中等距离助跑和跳跃
周二	4×150 米练习	12~14 步助跑
周三	短距离助跑跳跃	放松跑 800 米
周四	90—80—70—60 米或 6×60 米	力量练习
周五	休息	
周六	比赛	
周日	休息	
三月初至三月中旬（专项准备阶段——伴随室内比赛，室外比赛初期）		
周一	跳远助跑练习 力量练习：高翻、卧推、深蹲（所有练习4×5 次，80%最大强度）；引体向上、双杠臂曲伸、腿部弯举（所有练习3×10 次）	专项准备阶段周二训练计划示例： 准备活动：慢跑800米 10分钟拉伸肌肉练习
周二	400—300—200 米	1×400 米，充分休息
周三	力量练习：高翻、斜板卧推、颈前负重深蹲（4×5 组，重量轻于周一）、引体向上、臂弯举、腿部弯举、双杠臂曲伸（所有练习 3×10 组）	1×300 米，充分休息 1×200 米，充分休息 放松跑 800 米
周四	6×150 米或 8×100 米	
周五	运动场台阶练习	
周六	休息	
周日	休息	

(续表)

	三月中旬至四月（比赛阶段）	
周一	跳远助跑练习 力量练习：高翻、卧推、深蹲（所有练习4×1、2或3组，85%~100%最大强度）；引体向上、双杠臂曲伸、腿部弯举（所有练习3×10次）	竞赛阶段周一训练计划示例 准备活动：慢跑800米 10分钟拉伸肌肉练习 6~10步跳远助跑和姿势练习 放松跑800米
周二	300—200—100米	力量练习
周三	短距离助跑 力量练习：高翻、卧推、深蹲（4×1、2或3组，85%~100%最大强度）；引体向上、双杠臂曲伸、腿部弯举（所有练习3×10次）	
周四	90—80—70—60米或6×60米	
周五	休息	
周六	比赛	
周日	休息	
	五月至六月（比赛阶段）	
周一	跳远助跑练习 力量练习：高翻、卧推、深蹲（所有练习2或3×1至4组，80%~100%最大强度+1×10次，70%最大强度）；引体向上、双杠臂曲伸、腿部弯举（所有练习3×10次）	竞赛阶段周二训练计划示例 准备活动：慢跑800米 10分钟拉伸肌肉练习 6×60米，充分休息 放松跑800米
周二	4×150米	
周三	短距离助跑跳跃	
周四	90—80—70—60或6×60米	
周五	休息	
周六	比赛	
周日	休息	

第二部分 各项目技术、战术和训练计划

第四章

第四章 三级跳远

布·谢克斯奈德（Boo Schexnayder）

三级跳远是田径项目中最优美的项目之一，也是对身体要求最高的项目之一，要求运动员具有很好的身体素质和技术能力。没有哪个项目像它一样，完成得好时动作优美流畅，完成得差时难看脱节。本章深入分析三级跳远技术，指出该项目成功的要领、生物力学技术及教学计划。

准备活动和放松

计划周详的准备活动对确保获得三级跳远的优异运动成绩是很重要的，它可以分为两部分，一般准备活动和专项准备活动。以下为每部分的内容和时间安排。

一般准备活动的目的是让身体为达到专项准备活动的强度做准备，应该至少在比赛前一个小时开始进行，持续20~30分钟，时间长短取决于运动员的水平。一般准备活动应该穿着宽松的运动服和平底鞋，并定时补充一些饮料。它包含以下内容：

1. 大约800米慢跑，结合一些缓和运动，如跳跃、向后跑或跳、侧身跑。

2. 5~6分钟缓和的静力拉伸，运动员应该非常谨慎，避免过度或者拉伸过分用力。

3. 5~6分钟动力性柔韧练习和其他动作幅度大的练习，像摆腿、转体、手臂绕环等动作。

4. 8~10 次不同强度短跑练习，中间穿插 30 米加速跑。

5. 需要额外准备活动的运动员，可以做动力性柔韧和短跑练习。

专项准备活动的目的是使身体适应比赛的强度，应该在比赛开始前 20~30 分钟进行，时间长短取决于运动员的水平和比赛的水平。专项准备活动应该穿着轻便并穿上钉鞋，它包含以下内容：

1. 在跑道上做两次快速加速跑，有一次至少达到 50 米的距离。
2. 两次 15 米的跳跃。
3. 两到三次助跑。
4. 两或三次 8~10 步助跑的三级跳。

当在等待后面的试跳时，运动员应该做一些短跑练习或动力性柔韧练习以保持身体处于兴奋状态。如果试跳次序非常靠后，还有很多运动员在之前跳，可以推迟准备活动的开始时间，在前面的试跳将要结束时再开始做专项准备活动。锦标赛通常有更加正规的检录程序，这会花费更多的时间。运动员应该对此有所准备，必要时调整准备活动的开始时间。在准备活动开始时间或更早时，也可以用一些专项运动医学的手段。

比赛结束后，应该采用合适的结束程序，包括以下内容：

· 教练员和运动员讨论和评价比赛过程。

· 任何微细损伤的评估。

· 适当的放松活动。

放松活动可以采用很多种方式，这取决于运动员的身体状况和即将参加的其他项目比赛。一般来说，赛后的放松阶段要包括以下内容：

1. 穿厚的运动服慢跑至出汗。
2. 在所有的急性损伤部位进行局部冷敷。
3. 根据接下来的比赛情况，继续补充水分和营养。
4. 微温的泻盐洗浴，以促使肌肉放松。

三级跳远项目要求

要制订任何项目的训练计划都需要完全了解项目要求和制胜规

律。当我们分析三级跳远项目时，有些要求是明显的（而很多要求是不明显的），下文将全部列出并逐一论述。要想使三级跳远运动员获得好成绩就必须具备所有达到这些要求的能力。

速度和加速度能力 速度直接决定三级跳远项目成绩，起跳前达到的速度可能是决定成功的最重要的因素。运动员的速度与项目限定的实际助跑距离有关，意味着加速能力的重要性。运动员必须能够以有力、高效的方式克服内部惰性来加速。一名运动员速度很快，并不一定有好的加速能力，反之亦然。这两种能力必须体现在训练计划中。加速质量决定动量的成效，因此加速能力也同样必须具有合理的技术。

处理撞击能力 在三级跳远全部阶段，运动员必须处理每次落地及起跳时巨大的地面冲击力。处理这种撞击力，不过分强迫或停顿，对运动员获得好成绩至关重要。

产生外力 外力是运动员施加给地面的力量，特别是在助跑和跳跃过程中时施加给地面的推力。具备产生很大外力的能力可以使运动员更好地加速，获得很快的速度，产生很大的起跳冲力，这对获得优秀的运动成绩非常必要。然而，应用这些外力的时间是很短暂的。

处理内部力量的能力 在三级跳远的每个阶段，身体内部产生的力量是很大的。产生和控制内部力量的能力有助于获得好成绩，身体重心必须能利用和控制四肢产生的力矩。

肌肉骨骼系统主要是一种第三类杠杆系统，固定这些杠杆的支点对于提高这些杠杆系统的工作效率很有必要。这种固定作用对身体承受内部力量的能力很关键。身体必须也能经得起这些内部力量的传导，例如，在助跑过程中，身体重心的肌群必须稳定，以便在四肢摆动时，身体能保持直立。结缔组织如韧带、肌腱、筋膜等必须牢固，以承受由于内部力量带来的冲击。

大的动作幅度 在三级跳远项目中，大的动作幅度有助于形成强有力的起跳并控制不必要的旋转。动作幅度大有助于产生高水平的位移，使运动成绩提高，因此，柔韧素质对该项目技术方面有重要意义。

协调 三级跳远项目的高速度要求在非常短的时间完成精细的动作,因此协调性是很重要的。运动员必须具备一般意义上的协调素质,并且一遍又一遍完美地完成每个技术动作。

弹性能 通过牵张反射产生爆发力的能力对运动员成绩是很重要的,特别是在起跳阶段。在身体的其他部位也会产生牵张反射,包括姿势肌群。获得高水平的弹性能是取得好成绩的一个标志。

助 跑

像其他跳跃项目一样,助跑对三级跳远运动成绩起着关键作用。助跑必须起到以下三个作用:
- 提供取得好成绩所需要的速度。
- 在最长助跑距离内保证准确性,使运动员踏到起跳板而不需做过多的步子调整。

- 使运动员处于良好的身体姿势。

三级跳远的助跑距离一般从 12 步到 18 步不等。运动水平越高的运动员，助跑距离越长。助跑步数比实际助跑距离对运动成绩更重要，因为步数决定起跳时能达到的速度。助跑距离越长，速度越快，然而如果运动员技术不合理，其协调能力达不到控制很高速度的要求，则取得好成绩只可能是偶然情况。

加速是所有跳跃项目助跑的基本组成部分，以最简单的形式来说，所有的助跑都是要加速至最大理想速度。在助跑的最后阶段，运动员达到最大速度。每个项目的步频可能都是有各自的分配方式和模式特点的，但其过程是一样的。

为便于讨论，我们将助跑分成四个阶段。虽然每个阶段都有各自的特征，呈现了不同的执教要求，但实际上每个阶段没有彻底的力学技术的改变而是顺畅地衔接在一起，分开若干助跑阶段只是为了方便论述。四个阶段依次如下：

1. 起跑阶段。
2. 加速阶段。
3. 持续阶段。
4. 转换阶段。

运动员通过起跑不仅可以使身体达到正确的姿势以完成剩余的助跑，而且还能准确地踏上目标。一般来讲，蹲踞式起跑和站立式起跑是最佳选择方式。

蹲踞式起跑中，运动员双脚前后分开，前脚脚跟与后脚脚趾距离 6~8 英寸（15~20 厘米）。前腿膝关节的位置超过前脚脚趾，小腿与助跑道成锐角。双肩非常靠近前腿大腿，低头，颈部放松，臀部抬高到至少与肩同高。运动员以此姿势蹬地，身体有力地向上向前开始助跑第一步。

蹲踞式起跑主要的缺点是运动员在起跑前看不到起跳板或沙坑。其补救方法是采取站立式起跑。运动员在开始起跑时身体直立，身体后仰，重心在后脚上，然后重心由后脚向前转移，身体前倾弯腰。从这个位置上，运动员向上向前爆发性用力，开始助跑第一步。

不论哪种起跑姿势，其目的是运动员身体产生强有力的起动。起动时身体前倾与地面呈大约50°角，当起跑完成时，运动员身体仍然保持同样的角度。尽管站立太直或过分蹬地是错误的，会带来冲量不足，但身体下压至太低的角度，会引起踉跄、起动不足和其他问题。

加速阶段大约为起跑前三步。加速阶段的主要目标是获得冲力。为达到这个目标，运动员应保持较低的步频和较好的移动效果。步子是强有力的驱动型步子。助跑中的大部分加速在这一阶段完成。另外，加速阶段的一个显著标志是上体由起跑结束后的前倾位置持续平稳抬升至接近直立位置。身体角度的持续变化来自于双腿有力的蹬伸，髋关节抬升至最佳位置。每助跑一步，用力的水平方向越来越小，垂直方向越来越大。

教练员应该理解加速阶段对于增加冲力的重要意义，许多起跳失误都是因为运动员感觉到起跳时冲力不够充足，这可以追溯到加速阶段没有获得足够冲力。

持续阶段紧接着加速阶段，其特征是持续的（但不是很明显）加速和获得最大速度，助跑时身体姿势是直立的，每一步蹬伸地面的作用力基本上是垂直的。

转换阶段由助跑的最后4步组成，然后进入起跳，其标志是最大速度的力学运动。尽管转换阶段与持续阶段的技术没有太大的区别，之所以将它们区分开来是因为接近起跳时运动员会遇到一些特殊问题。

转换阶段对三级跳远成绩起决定作用。最后4步为运动员取得好成绩提供条件，但也是易犯错误的地方。一名优秀的三级跳远教练员应理解这一阶段良好的技术动作有助于取得好成绩，而错误的技术动作会影响其他阶段动作的正确完成。

在最后几步，正确的助跑技术非常关键。正确助跑技术不仅可以使身体处于良好的起跳位置，而且可以建立起合理的动作模式，把起跳与起跳技术轻松地结合起来。这里我们论述最后几步的技术以及如何与最终的三级跳联系起来。

运动员应该在助跑最后几步保持正确的技术动作、速度、身体姿势和动作幅度，这个过程应该持续到起跳动作完成。运动员的主要精力应放在保持高效起跳的身体姿势上。

运动员应该专注于平稳加速。减速是一个经常发生的错误。最后几步加速过猛也是一个常见错误，这会导致身体前倾，动作幅度减小，起跳时间不充分。最后几步步频的增加不能出现比助跑的前几步步频增加幅度还要大的情况。

运动员最后几步加速过猛的一个常见原因是，他们感觉到冲力不足。其补救方法是提高加速阶段的质量，以使运动员在最后几步感觉舒适，便于起跳。应该在助跑前期就获得冲力，以便使运动员在接近起跳时保持放松，为起跳做好准备。

转换阶段有特殊的地方是倒数第二步。在其他跳跃项目中，倒数第二步与正常的助跑是不同的。这一步脚接触地面的方式会改变，运动员重心降低，以增加起跳角度。但是三级跳远起跳角度大大低于其他跳跃项目。事实上，三级跳远的起跳角与短跑项目蹬地角度无显著区别。因此，不像其他跳跃项目，三级跳远助跑的倒数第二步与其他步子的力学技术没有主要区别。

尽管不是普遍认同，但是助跑中的垂直运动会对运动员正确完成起跳和后续动作的能力有很大影响。从侧面观察，高效率的运动员助跑时会出现轻微的弹跳。运动员身体重心的轨迹呈现正弦曲线，波形路线的高峰对应空中阶段，低谷则对应与地面接触阶段。

这种运动员身体重心的轨迹很关键，因为它提供了运动员跑至起跳点时所需的垂直波动状态。优秀的三级跳远运动员尽可能增强这种垂直波动，以产生跳跃的三个阶段。这种垂直波动的必要性也强调了对前述蹬地动作的动力学要求。这种对地面的作用力能最大保证每一步的垂直爆发力。告诉运动员要保持这种垂直波动状态，助跑最后几步要放松，髋部抬高，每一步垂直蹬地。

缺少垂直波动的三级跳运动员会自然改变助跑和起跳，对跳跃动作产生影响。加大倒数第二步步幅、最后几步重心降低、过多的高跳等一些错误动作经常被运动员用来抵消缺垂直波动的方法。

很明显，保持最后几步身体重心的垂直波动是非常关键的，而且在最后几步，水平速度获得最大发展，因此，运动员在最后的每一步中应该试图努力向上蹬伸。

或许教练员评价运动员垂直波动的最好方法是观察运动员最后几步胫骨的角度。脚接触地面时，胫骨与跑道的夹角应该接近垂直（膝关节仅仅是在踝关节稍前的位置）。当检查胫骨角度和作用力方向时，会发现运动员易出现两个明显的错误。一种情况是脚刚落地时在身体重心之前，胫骨与地面呈钝角，这会引起跑速降低和过分高跳。另一种情况是，运动员每一步更多在水平方向上过分蹬伸，胫骨与地面呈更小的锐角，引起垂直波动不足。这种情况会经常发生是因为运动员期望从起跳板上平着向前起跳。三级跳远运动员只有在起跳脚碰到起跳板时才能关注水平起跳的爆发力。

最后几步，运动员的助跑摆臂动作不应该有偏差。运动员（特别是使用双臂技术的运动员）易犯的错误是手臂过早地合拢，这会引起减速和不必要的身体重心降低。

运动员本能地调整最后几步步长以达到最佳起跳位置，这通常称之为驾驭能力。尽管助跑练习对减少过多的调整是很重要的，但要明白调整是不可缺少的。因此应该运用正确的视觉注意模式来帮助调整。在加速阶段，一旦身体角度允许，运动员就应该直接看起跳板。之后，在持续阶段，运动员应该头部直立，但继续用眼睛的余光看起跳板。在转换阶段，运动员应该保持头部直立，这迫使眼睛不能再看起跳板。然而如果运动员在此之前就一直用视线定位起跳板，建立起速度和起跳板位置的感觉，那么最后几步不用眼睛看而准确定位起跳板的位置就不是很困难了。

助跑练习

尽管我们知道三级跳远教学策略是以跳跃的起跳阶段为中心的，然而很显然我们不能忽视加速能力、跑动技术和助跑。以下练习也可以用在跳远项目训练中，因为二者有共同的助跑技术。

>> 墙壁运动 <<

目的

学习了解身体姿势,包括助跑过程中的起跑、加速和利用腿部产生的作用力使身体由最初倾斜转为直立状态。

步骤

开始时运动员距离墙壁 4~5 英尺(1.5 米)站立,运动员像在起跑中一样身体猛地冲向墙壁,向前伸手触墙,手臂伸直支撑住身体,这个位置使身体与地面倾斜呈 45°角。经过短暂停顿,运动员抬高膝关节,做 5~6 步小步高抬腿跑,身体的倾斜度逐渐减少,直至身体直立,运动员脚趾抵住墙壁。

>> 抗阻力跑 <<

目的

发展爆发力;提高运动员加速能力和起动技术。

步骤

运动员采用阻力练习来进行 20~50 米短而快的短跑练习,如拉雪橇、上坡跑、腰部拴绳子牵拉跑等所有可以提供阻力的方式。

> **>> 非助跑道的助跑 <<**
>
> **目的**
> 为消除起跳板和沙坑的影响,使运动员集中注意力进行助跑。
> **步骤**
> 运动员在径赛跑道进行与比赛时距离相等的助跑练习,摆脱起跳板和沙坑的影响。一旦助跑稳定了,运动员可以移到助跑道上进行练习。

起 跳

田径项目中,三级跳远踏板起跳是最难掌握的技术之一。当踏板起跳时,运动员要完成以下目标:保持水平速度、维持良好的起跳姿势和建立技术正确的后继动作。

运动员到达起跳板时,必须保持良好的身体姿势。如前所述,头和骨盆保持合适位置。低头看板、头后仰和身体后仰都是常犯的错误动作。要达到理想的骨盆位置很困难但却是十分关键的。在起跳开始时不正确的骨盆位置将会使起跳效果不佳。

当运动员脚接触起跳板时,起跳腿相对于肢体的位置是很重要的。一般来说,要更好地保持水平速度,起跳脚的着地点应该是在身体重心的下方。好的训练方法是当脚接触地面时强调胫骨的位置。胫骨垂直可带来最好的起跳动作。胫骨与地面成钝角(膝关节位置在踝关节后面)能引起起跳严重减速,反之成锐角会引起身体过多向前旋转。

在踏上起跳板之前运动员的踝关节应该保持稳定,以便承受巨大的冲击力。为达到稳定,在脚触地之前踝关节呈背屈,脚落地前由脚后跟引导脚的落地动作,在落地时接近放平。在支撑过程中,起跳脚积极扒地滚动,用全脚掌承接反作用力。

起跳时的支撑阶段后期,脚掌应该呈弓形,是指当身体重量向前转移至前脚掌时脚掌弯曲,踝关节保持稳定,呈90°角。踝关节不能呈弓形没有起到连接作用，出现下塌（踝关节角度小于90°），一般是因为落地前踝关节稳定性差造成。没有弓形动作也有可能是因为运动员没有正确放脚和完成起跳动作。这种错误动作随后做详细介绍。

起跳时起跳腿正确的发力顺序和时机是很关键的。起跳速度和飞行轨迹是由起跳腿的动作决定的，更重要的是正确的发力形式使运动员的单足跳和跨步跳更有效果。

一旦脚接触起跳板，运动员应该保持耐心，等着让胫骨充分向前转动，直到膝关节明显在踝关节前面（超过脚趾），起跳脚呈弓形。当运动员踏过起跳板时，胫骨的向前转动甚至可能使身体重心稍稍降低。一旦到达这个位置，运动员应该通过伸髋积极向前蹬离起跳板。髋关节蹬伸应该同步，以便作用力能通过胫骨轴。如果动作正确，运动员起跳时应该感觉到蹬推起跳板，感觉到脚弓部分的压力。

三级跳远运动员常犯的一个错误是起跳时髋关节蹬伸过早，没有等胫骨完成转动后再蹬板，脚后拉或抓板太早。当运动员在助跑最后几步不能完成正确的蹬伸技术时，常会发生此类错误。只要这几步建立起良好的动作模式，就会很容易改善起跳，正确蹬伸。后拉式助跑模式可产生错误的、后拉式的起跳。

起跳时连续的位置移动是很重要的。三级跳远运动员应该将持续水平移动贯穿于整个动作序列的始终。如果运动员正确做到这点，起跳脚离开地面之前躯干会移动到超过起跳脚较远的距离。一次成功起跳的标志是起跳脚离开板时髋关节的位置应该超越起跳脚较远的距离。脚掌良好的、持续的弓形也应该是好的位移动作的特征。

起跳时较大水平的位移对获得好成绩很有必要，但是这存在一个问题，当位移到一定角度时，身体会向前旋转，骨盆向前转动会导致起跳姿势不正确。

在起跳过程中，这些难题可以通过摆动腿的动作来克服。与起跳腿的蹬伸动作相配合，运动员应该有力地将前腿的大腿往前伸，当起跳完成时使两腿大大分开。摆动腿的上述动作克服了骨盆向前转动。摆动腿常犯的错误动作是膝关节上抬而不是大腿前移，这会带来身体屈曲反射，导致髋关节弯曲，甚至使骨盆不正。大腿向前的动作能使骨盆更顺畅地前移至有利的位置。

起跳时，应该增加与起跳动作有关的摆臂动作幅度和协调性。一般采用两种起跳摆臂方法。第一种是单臂技术，运动员离开起跳板时两臂动作与助跑时一样前后交换———一只手臂向前，另一只手臂向后。第二种是双臂技术，当运动员离开起跳板时，双臂同时向前摆动。运动员运用单臂摆动技术时应该用力拉开前后臂，伸展肘关节，与起跳相呼应。运动员运用双臂摆动技术应该配合蹬伸起跳板，双臂流畅地快速向前摆动。

弹跳技术

弹跳技术教学是教练员工作的重要部分。许多教练员把单足跳、跨步跳和跳跃三个阶段的技术分开教学，然而这些技术有许多共性的地方，在本节中将有描述，每一阶段独有的方面也将予以讨论。弹跳技术一般从三个层面来说明：身体姿势、地面接触模式和摆动技术的利用。

身体姿势

在助跑和起跳时，在三级跳远的所有阶段保持身体姿势的完整性对获得好成绩是很关键的。稳定性是身体姿势完整性的重要内容。三级跳远运动员在每个阶段着地时会承受巨大的冲击力，在这种冲击下身体重心必须保持稳定。身体成直线也很重要。头应该在中立位置与脊柱呈一直线排列，尽量避免向前和向后倾斜。

在弹跳中，骨盆的排列是很关键的。像前面论述的那样，骨盆应与脊柱呈自然排列。在三级跳远项目中骨盆像身体的舵，直接决定每个阶段的腾空能力。在没有其他失误的情况下，骨盆的前倾和过度弯曲的身体姿势会引起运动员技术错误，甚至骨盆轻微的偏离也会对运动成绩产生较大影响，因此运动员发展骨盆的灵活性和柔韧性是非常重要的。

骨盆的排列（身体姿势）不应该始终僵直不动。骨盆的小范围移动有助于腿部动作和对抗前旋。在整个阶段，即使是优秀运动员也会有轻微的身体姿势倾斜，只不过后来重新获得调整恢复。要理解贯穿于整个阶段中的骨盆姿势，正确的骨盆运动会是在一定的范围内波动，而不是一直处于静止状态。

三级跳远的许多技术环节都要求骨盆呈直线排列。我们已经讨论了运动员在起跳时摆动腿的正确摆动会有助于骨盆的排列，在此将继续指出其他一些有助于保持身体姿势的技术。

地面接触方式

在讨论三级跳远地面接触方式之前，我们讨论肌肉功能情况。有效率的起跳包括以下肌肉活动的三个过程：

1. *起跳腿关节的稳定性*。伸肌的等长收缩完成起跳腿关节的稳定性固定动作。在接触地面之前飞行阶段的这种肌肉收缩可使腿承受撞击力而不产生弯曲。

2. *离心动作*。在触地时腿的各个关节轻微弯曲，引起伸肌拉长，特别是拉长起跳腿的股四头肌。这样就使起跳腿产生牵张反射，以增加起跳力量。离心收缩的强弱取决于等长收缩的质量。

3. *向心动作*。在离心阶段末期，起跳腿强有力地蹬伸使身体腾空。在离心阶段，牵张反射有助于起跳腿蹬伸。

因为在三级跳远项目三个阶段中地面对运动员会产生很大的撞击力，撞击前起跳腿保持一定的稳定性是非常重要的。在撞击前的腾空过程中，膝关节和踝关节应该进行等长收缩以促使腿保持稳定。股四头肌等长收缩使运动员膝关节保持稳定，起跳脚背屈使运动员踝关节保持稳定。

在弹跳中产生的撞击力和反作用力，与在起跳板上起跳产生的效果一样，因此弹跳与起跳具有相同的力学动作。运动员起跳脚脚跟先着地，脚要接近放平。在支撑阶段，运动员脚跟过渡到全脚掌，以缓冲地面的冲击力。

三级跳远运动员常犯的错误（特别在单足跳落地阶段）是脚的跖屈，在着地前伸开脚趾，使脚趾先着地。这是一种有意思的难题，因为训练经验不足的运动员也会在脚背屈的情况下正确着地。发生这种错误的原因是对肢体稳定性理解不足。当人体腾空时会体验到身体向前旋转，促使运动员快速落地以获得稳定。我们观察到三级跳远运动中起跳脚的跖屈常常是身体向前旋转的反映。有趣的是骨盆前倾产生不稳定，会同样产生跖屈。良好的训练要求运动员克服身体前旋或身体姿势问题，而不是直接改变起跳脚跖屈。

起跳脚应该略微落在身体重心投影点的前方地面，这种现象被称为前伸远度。尽管助跑速度和冲力要求起跳脚在身体重心前着地，然而过多的前伸远度会造成减速。相反，没有一点前伸远度，会使得身体过多地向前旋转。

运动员应该使向心收缩和离心收缩保持平衡。像前面讨论的，离心收缩和向心收缩依次发生。当起跳脚接触地面的一瞬间，运动员常常向后扒地，这是一个自然周期动作的延续，它不是仅仅来自于脚的扒地动作。当运动员采用过度的后拉或后扒动作时，会使向心收缩不完全，没有等长收缩和离心收缩阶段。过分强调髋关节的向心收缩会减弱股四头肌的等长收缩准备时间，减弱牵张反射所产生的弹性力量，经常引起运动伤病，因此运动员不应该采用后拉或后扒动作。

摆动技术利用

摆动部分包括肢体摆动（手臂和摆动腿），它们在起跳过程中进行摆动。起跳阶段的爆发力大部分来自于这些肢体的运动。

在每个阶段的起跳中，手臂应该进行强有力的摆动。当手臂摆动时，运动员应该以肩为轴，同时手臂应该充分伸展。使用单臂摆动技术的运动员，应大幅度地变换摆动幅度。手臂应该摆动到伸展位置，前臂与地面平行，后臂的手在身体后面、腰的上面。采用双臂摆动技术的运动员应该从手位于身体后面比腰高的伸展位置开始。手臂应该强有力地摆动，手摆到脸前，肘关节成90°角，两臂宽度稍宽于肩。

摆动腿也起着增加动作幅度的作用。摆动腿动作不应该用角度来衡量。当摆动腿摆动时髋关节动作向前，摆动以腿的伸展动作来带动。尽管腿不需要完全伸直，三级跳远运动员经常由于膝关节过早屈曲而产生错误动作。在这种情况下，膝关节被向上牵拉，而不是腿摆动至伸展位置。当开始摆动时，摆动腿的伸展位置是很关键的，因为它可以维持甚至改善骨盆位置和身体姿势。

当我们考虑屈曲反射时，利用摆腿技术的原因已经很清楚了。当一个关节发生突然弯曲时，肢体的其他关节也会弯曲。当膝关节开始弯曲时，髋关节也开始弯曲，髋关节弯曲会阻碍一侧肢体向前移动，引起骨盆向前倾斜，加速肢体向前旋转。的确，三级跳远运动员经常弯曲膝关节，特别在跨步跳阶段。膝关节上抬和弯曲是允许的，然而膝关节弯曲应该发生在摆动阶段后期。

最后，制动作用是正确摆动技术的重要应用。在身体离开地面时，手臂和摆动腿停止摆动，然后自然转向反方向，这使摆动部分的动量作用于人体。

三级跳远各个阶段

讨论弹跳技术是三级跳远各个阶段的开始，然而每个阶段是独一无二的，应该分别研究。本章介绍了三级跳远技术的各个阶段——单足跳、跨步跳和跳跃的专项技术和教练员实践成果。对这些技术的精细掌握是区分好技术和优秀成绩的重要方面。

单足跳

三级跳远技术的第一个阶段是单足跳（图4.1）。规则要求运动员用一只脚从起跳板起跳，用同一只脚落地。单足跳的目标是获得远度、保持水平速度、为下一阶段（跨步跳）做好准备。

成功执教或者完成单足跳阶段的先决条件是理解单足跳阶段的反射动作及其作用。正确的助跑技术和良好的起跳动作形成的反射动作能提高单足跳的动作质量，使运动员正确完成动作。

单足跳阶段腿的动作很简单。当起跳腿蹬离起跳板后，大腿向前摆动。大腿的这种摆动是髋关节屈肌被拉伸后牵张反射而产生的弹性反应。在起跳过程中,运动员髋关节的屈肌被拉伸,这种拉伸的结果使大腿前摆。

与大腿积极前摆相反,单足跳交换腿过程是一种被动的反射活动。或许三级跳远运动员常犯的错误是单足跳起跳腿拉起太快或太剧烈。各种现象表明运动员在起跳完成后起跳腿简单的落地常常有助于后续技术的发挥。

▶图 4.1　单足跳

许多运动员在单足跳交换腿过程中脚充分放松，在向前移动时脚靠近臀部。这种高度放松不应该是目标本身，它是起跳腿转换角动量的结果，不是有意弯曲膝关节。当膝关节有意识地弯曲时，肢体弯曲反射也会引起髋关节弯曲。髋关节弯曲使骨盆向前倾斜，加速了前旋。

在单脚跳阶段后期，腿应该稳定，准备落地接受地面的冲击力。股四头肌的等长收缩是这种稳定的重要部分。膝关节过度弯曲和过分放松会推迟股四头肌的准备动作。因此对初学者讲授这些技术是有问题的，因为他们缺少足够的腾空时间为起跳腿落地做准备。对初学者来说，在单脚跳阶段强调低重心是可行的方法。

在单足跳阶段，摆动腿技术常被忽略。然而它在保持身体姿势和维持身体平衡方面起着重要的作用。摆动腿积极向前，为单足跳动作争取时机。起跳结束后，髋关节应该伸展，膝关节自然伸直。尽管膝关节不需要完全伸直，但在单足跳阶段，它具有非常重要的作用。此时摆动脚应该位于身体前方，类似制动动作，能使身体避免向前旋转。摆动腿积极前摆也能延缓单足跳交换腿动作，增加这一阶段的时间。

人类习惯用左—右—左—右的方式来行走和奔跑，但体育运动时单脚前后交替却容易使人迷惑。这一事实提示人们，起跳结束后摆动腿要积极前摆，尽管摆动腿没有接触地面，但维持了双腿交替的左—右动作。

跨步跳

三级跳第二个阶段是跨步跳（图 4.2）。规则要求三级跳运动员在起跳和落地时以不同的脚着地。跨步跳的目标是获得远度、维持水平速度和保持身体姿势。

如果运动员有一定的弹跳技术，跨步跳技术相对容易掌握。较之其他田径项目，因果关系更易出现，因为所有不良的跨步跳技术均由起跳时或单足跳时骨盆的不正确位置造成。

▶图 4.2　跨步跳

诸多例子表明，当由单足跳过渡到跨步跳时，运动员必须伸长摆动腿进行摆动。这是获得良好骨盆位置的最佳时机。正确的摆动技术能大幅度提高成绩。尽管许多运动员在跨步跳阶段膝关节高抬，但却易犯膝关节弯曲和抬膝过早的错误。教练员应该对刚参加训练的运动员进行膝关节高抬训练，使他们能较容易地大幅度摆腿。运动员在摆动腿与地面垂直之前不要弯曲膝关节。

跨步跳阶段技术教学的关键是提高起跳角。起跳角练习时应该比在踏跳板上起跳大些。因为这不是一个自然的动作，为获得动作的连续性，肌肉必须努力协同工作。在单足跳落地之前肢体必须完成等长收缩动作，各种肌肉协同运动。此时，水平作用力已经获得，可以使运动员建立跨步跳起跳腿完全垂直的运动表象。

跳跃

三级跳的最后阶段是跳跃阶段（图 4.3）。跳跃阶段的目标是获得远度、保持水平速度和维持身体平衡为落地做准备。

跳跃阶段技术简单，关键是前面的技术环节应该正确，以至于运动员能够达到正确的起跳位置。

在跳跃阶段保持镇静是非常重要的。这一阶段易于完成，但也易犯简单错误，因为期望成功反而会无法完成基本的动作。身体姿势和摆动技术常常相互影响。在最后的起跳中，运动员必须严格完成动作。一个常犯的错误动作是起跳阶段制动失误,运动员在起跳后一直举着手臂。正确的制动应发生在腾空阶段的开始部分。

▶图 4.3 跳跃

在跳跃阶段的腾空过程中,运动员应该控制身体前旋。一些运动员摆动腿能自如伸展,但通常腾空时间限制了运动员的挺身技术。手臂动作沿头顶向上摆动使肢体拉长,控制肢体前旋。手臂高举只有在起跳制动完成之后进行。

落地

在腾空的最高点运动员应该开始准备落地(图 4.4)。在准备过程中，运动员躯干和头应该保持直立。一个常犯的错误是躯干前倾朝向大腿，这缩短了身体的有效半径，加速了向前旋转。

▶图 4.4　落地

　　伸开的手臂开始沿头上向下摆动，腿向前伸展。一个常犯的错误是开始准备落地太晚，这种现象经常造成脚前伸时接触沙子太早。

　　在落地的冲击中，运动员应该通过髋和膝的弯曲向前移动，使髋关节靠近脚踝。通常要转动身体以缓解膝关节压力。这种理论在训练实践中能够被接受，但关键是双肩要放平直至落地。转体过早导致下肢的反向旋转，会使运动员落地时两脚依次落入沙坑，使可以丈量的成绩减少。

　　最后，当髋关节接触脚后跟时，运动员应该迅速前伸膝关节，使脚离开沙子。这种动作使得运动员臀部落在脚造成的坑内，成绩得以保护。

竞赛战术

　　对三级跳远运动员来说，不仅要考虑到训练，而且还需要为竞赛的复杂性做准备。在比赛前90分钟，运动员应该到比赛现场。一旦到场，运动员应该立即做以下准备活动：

1. 检查鞋、鞋钉和其他装备。
2. 熟悉场地设施，确定跳跃场地位置、休息室、医疗处、水站、准备活动区域和检录处。
3. 检录后进入比赛场地，如果裁判员在场，立即丈量步点。
4. 确定比赛安排和试跳顺序。
5. 获得必要的运动医疗专家帮助。

运动员应该制定比赛计划。尽管比赛计划在很大程度上取决于比赛性质和运动员能力及状态，但一般应遵循以下规律：

• 任务定位。运动员要明确成功的关键所在，意识到可能的困难及要处理的策略。

• 大部分成功的运动员在比赛中跳出两次好成绩，其他试跳为它做基础。

• 如果发现自己状态欠佳，减慢助跑后半程速度，集中于起跳。

• 当获得好成绩时，要保持高昂的斗志，如果跳出了差成绩，则在下一跳有所保留，直至找回节奏，重新获得斗志。

• 在第二跳和第五跳保持完美助跑，这将有助于第三跳和第六跳获得好成绩。

• 要有意识的使助跑加速阶段持续加速，特别在有压力情况下。

• 要始终清楚在比赛中的名次和即将到来的机遇。如果不能得冠军，则努力战胜尽可能多的人。

• 如果不能获得个人最好成绩，努力比赛以获得好的备用成绩以免最终成绩与其他运动员相等。

• 不要过多地想比赛，特别是重要比赛，也不要对比赛采取无所谓的态度。

训练建议

本节内容包括三级跳远运动员的训练内容和手段。

因为三级跳远是一项要求较高的项目，因此其训练次数应该受到限制。在许多优秀的训练计划中，三级跳远项目训练每周只有一次，这种情况是非常多见的。因为练习时间受到限制，就必须保证一定的基本技术练习时间。在多级跳跃和弹跳训练过程中，身体姿势稳定技术、蹬地技术、摆动技术和落地技术都应该练习。三级跳远训练应该强调专项技术，如板上起跳技术、单足跳中摆动腿技术和单足跳—跨步跳转换技术。

三级跳远项目的助跑和阶段划分包括水平部分和垂直部分。教练员应该从垂直到水平方向进行逐步讲解，因为在垂直方向的练习中身体姿势很容易保持，然而在早期训练阶段需要做一些水平方向练习的改进工作。教练员在安排赛季训练时应该先进行大量的垂直方向练习，水平方向的练习安排少量，然后再增加水平方向练习的比重。

学习三级跳远技术应该由简单到复杂，一般包括三个教学步骤：水平弹跳技术、垂直弹跳技术以及专项技术。三级跳远项目较复杂，然而运动员只要掌握了核心技术，就会获得好成绩。尽管三级跳远运动员有不同的技术风格，教练员应该要求运动员正确持久地掌握核心技术内涵。三级跳远运动员应该在抓基本技术的基础上，形成个人的技术风格。

水平弹跳技术训练

水平弹跳技术的训练计划包括三种系列的水平跳跃练习，每一种都较前一个要求更高和更复杂。在训练阶段，运动员要耐心地从最简单的练习至最复杂的练习。

这些练习主要包括：正确的脚着地方式、正确的摆动腿摆动技术和位置、正确的起跳抛射轨迹。摆动腿的正确位置决定了骨盆的姿势，强调从地面完全蹬伸而不是起跳腿的松弛或放松。教练员必须耐心帮助运动员通过这一阶段训练，因为获得好成绩之前必须进行大量的水平方向练习。

这些最简单的系列内容包括以下四个练习，从两腿站立开始：

1. 立定跳远。
2. 三级连续双腿跳。
3. 立定三级跳（右—左或左—右弹跳序列）。
4. 双双跳跃（右—右—左—左或左—左—右—右弹跳顺序）。

水平弹跳中级系列包括以下六个练习，从两腿站立开始：
1. 三级右腿跳（右—右—右弹跳序列）。
2. 三级左腿跳（左—左—左弹跳序列）。
3. 双双跳跃（右—右—左—左弹跳序列）。
4. 双双跳跃（左—左—右—右弹跳序列）。
5. 交换步练习（左—右—左—右弹跳序列）。
6. 交换步跳跃（右—左—右—左弹跳序列）。

水平弹跳高级系列练习包括以下六个练习，从两腿站立开始。不像以前系列中限制练习次数，这些练习的远度较长，通常为20~40米。
1. 右腿单足跳（连续右腿跳序列）。
2. 左腿单足跳（连续左腿跳序列）。
3. 双单跳跃（连续右—右—左弹跳序列）。
4. 双单跳跃（连续左—左—右弹跳序列）。
5. 双双跳跃（连续左—左—右—右弹跳）。
6. 交换步跳跃（连续左—右—左—右弹跳序列）。

垂直弹跳技术训练

垂直弹跳技术的训练计划包括四种垂直跳跃练习，通常距离为15~20米。其关键之处是正确的脚步落地模式和正确的摆动腿定位与摆动。
1. 右腿单足跳（连续右腿弹跳序列）。
2. 左腿单足跳（连续左腿弹跳序列）。
3. 双双跳跃（连续左—左—右—右弹跳序列）。
4. 交换步跳跃（连续左—右—左—右弹跳序列）。

这些练习以一种可控的稳定的方式进行。特别是每一次弹跳接近完全垂直，远度仅仅大约半米。而且，摆动腿处于伸展位置，摆动脚放在起跳脚略靠前的位置。这种固定位置和动作的结合很容易使骨盆处于合理位置。

在运动员训练计划中，垂直跳跃练习有不同的训练形式。应逐渐地增加摆动练习，同时，弹跳变得更水平。如果在任何时候运动员失去控制，要使其返回进行更垂直的弹跳，并减少摆动动作。最终这些练习要达到前面讨论的水平跳跃的程度。再次强调始终要完全蹬伸，不能只集中于腿部的放松。起跳腿蹬自行车式转动是不正确的。

专项技术训练

专项技术训练包括两部分：基础练习和短距离助跑跳跃。这些练习用来训练跳跃基本技术和专项技术。

基础练习系列

基础练习系列包括四种练习，给予运动员可控地重复练习基础跳跃技术。这些练习用于训练的初期阶段，助跑距离一般为15~25米。

1. 爆发性高跳（重复跳跃，追求垂直高度）。
2. 爆发性远跳（重复跳跃，追求最大远度）。
3. 连续跳跃（左右脚依次重复跳跃）。
4. 栏架跳跃（4~8个低栏，栏间距2~3米，见图4.5）。

技术训练包括以下练习：正确的脚触地模式，正确的摆腿技术、手臂动作。另外，后面两个练习强调空中阶段摆动腿伸展。栏架跳跃和连续跳跃要求运动员以起跳腿相反的腿落地，要求摆动腿伸展，使运动员获得更多控制经验。

另一个关键的教学点是摆动腿动作。在所有练习中，大腿高抬至水平面以下进行制动，这样膝关节就在髋关节下方完成起跳，可以更好地训练摆动腿技术动作，使起跳腿得到更完全的伸展。

第二部分　各项目技术、战术和训练计划

▶图 4.5　跨栏跳

短距离助跑跳跃

在优秀的三级跳远训练计划中，大部分跳跃练习的助跑距离远远短于比赛中的距离。这使练习具有更多的重复次数和降低速度，以便于教学，并且减轻对身体的冲击力。

一般来说，准备阶段后一两个月开始短距离助跑跳跃。开始助跑4~12步，经过一段时间的训练，助跑距离逐渐增加，速度和强度更接近比赛。短距离助跑三级跳远应该是发展专项技术。如果在这一阶段强调发展一般跳跃技术和弹跳技术，教练员注定要失败，因为没有足够的时间发展关键的技术。

对于刚参加训练的运动员来讲，静止起动时从双腿站立开始是一种有效的手段，能够在弹跳和三级跳跃之间架起桥梁。对初学者来说，单腿起跳是较好的练习方式。

三级跳远训练计划示例

以下训练计划是针对全程三级跳远训练而设计的。赛季越短练习越相似，每个阶段花费的时间就越少。

69

	九月至十月中旬（一般准备阶段）	
周一	准备活动慢跑，静力和动力柔韧练习，速度练习，加速练习，短距离水平弹跳，举重练习（抓举和挺举、深蹲、卧推），赤脚跳跃放松。	一般准备阶段周二训练计划示例： • 800 米慢跑热身 • 静力柔韧练习 • 动力柔韧练习，每个练习 10 次：前后鹰式练习，正压腿，侧压腿，膝关节屈伸，髋关节绕环，双臂绕环，躯干转体，腿向前摆动，腿向后摆动，后踢腿，鞭腿 • 栏架练习，2×6 栏：交换步攻栏，右脚领先，左脚领先 • 基本技术练习 • 一般力量循环练习 A，每个练习 20 秒，间歇 20 秒：俯卧撑，下蹲，腹肌两头起，背肌练习，俯卧撑撑起后拍掌，快速跳跃，哥萨克伸展，L 型跳，摔跤桥练习，游泳动作，立卧撑 • 一般力量循环练习 B，每个练习 20 秒，间歇 20 秒：腹肌两头起，背肌练习，体侧屈，摆腿，脚趾触地练习，滚翻练习，转体练习，仰卧起坐，俯卧抬体转体，仰卧起坐转体，哥萨克伸展，L 形跳，摔跤桥练习 • 力量循环练习：每个练习 3×10 次：负重弓步转体，负重踏上凳子，硬拉，负重背屈伸，划船，纵向拉伸，颈后推举，俄罗斯转体 • 400 米慢跑—跳跃放松
周二	准备活动慢跑，静力和动力柔韧练习，栏架练习，跳跃技术练习，一般力量循环练习，举重循环练习	
周三	准备活动慢跑，静力和动力柔韧练习，栏架练习，速度练习，垂直弹跳练习，举重练习（抓举和挺举），投掷练习	
周四	准备活动慢跑，静力和动力柔韧练习，栏架练习，技术训练，实心球循环练习，专项力量训练	
周五	准备活动慢跑，静力和动力柔韧练习，加速练习（阻力跑），跳跃循环练习，举重练习（抓举和挺举、下蹲、卧推），赤足跳跃放松	
周六	准备活动慢跑，静力和动力柔韧练习，速度练习，行进间跑，力量循环练习，放松活动慢跑	
周日	休息	

(续表)

	十月中旬至十二月（专项准备阶段）	
周一	准备活动慢跑，静力和动力柔韧练习，速度练习，加速练习，举重练习（抓举和挺举、深蹲、卧推）	专项准备阶段周一训练计划示例： ●准备活动慢跑 ●静力柔韧练习 ●动力柔韧练习，每个练习10次：前后鹰式练习，正压腿，侧压腿，膝关节屈伸，髋关节绕环，双臂绕环，摆腿，后踢腿 ●助跑练习，2×30米：A形跳，B形跳，向后跳跃，向后跑，侧向滑步练习（左、右） ●加速练习：起跑器起跑，3×20米，3×30米，3×40米 ●力量训练：抓举（6×2次），下蹲（5×5次），杠铃斜板上推（6次，5次，4次，3次，2次） ●400米慢跑轻跳放松
周二	准备活动慢跑，静力和动力柔韧练习，栏架练习，短距离助跑跳跃，一般力量循环练习，举重循环练习	
周三	准备活动慢跑，静力和动力柔韧练习，速度练习，弹跳练习，举重练习（抓举和挺举、单臂和单腿举重）	
周四	准备活动慢跑，静力和动力柔韧练习，栏架练习，短距离助跑跳跃，实心球循环练习，专项力量训练，放松性慢跑	
周五	准备活动慢跑，静力和动力柔韧练习，助跑练习，速度练习，跳深练习（跳箱），举重练习（抓举和挺举），赤足跳跃放松	
周六	准备活动慢跑，静力和动力柔韧练习，速度练习，节奏跑，力量循环练习，放松活动慢跑	
周日	休息	
	一月（竞赛阶段——室内赛季）	
周一	准备活动慢跑，静力和动力柔韧练习，速度练习，加速练习，短距离水平弹跳，举重练习（抓举和挺举）	竞赛阶段周三训练计划示例： ●准备活动慢跑 ●静力性柔韧 ●动力性柔韧，每个练习15次：前后鹰式练习，腿部摆动练习，栏架摆动绕环 ●助跑练习（每个练习2×30米）：高抬腿跑，后踢腿跑，A形跳，B形跳
周二	准备活动慢跑，静力和动力柔韧练习，短距离助跑跳跃，一般力量循环练习，放松性慢跑	
周三	准备活动慢跑，静力和动力柔韧练习，速度练习，助跑模拟练习，速度耐力，多级跳跃，举重练习（抓举和挺举），赤足跳跃练习	

(续表)

周四	准备活动慢跑，静力和动力柔韧练习，栏架练习，短距离助跑跳跃，实心球循环练习，放松性慢跑	•助跑模拟练习（重复5~6次）。 •速度耐力：4×120米速度跑—惯性跑—速度跑
周五	准备活动慢跑，静力和动力柔韧练习，速度练习，加速练习，重复投掷练习	•多级跳跃：栏架跳跃（6×4栏）
周六	准备活动慢跑，静力和动力柔韧练习，速度练习，助跑模拟练习，短距离跳跃，比赛	力量训练：高翻（5×3次），蹲跳（4×6次），杠铃斜板快速上推（4×6次）
周日	休息	•400米慢跑（跳跃放松）
二月（竞赛阶段，高峰——室内赛季）		
周一	准备活动慢跑，静力和动力柔韧练习，速度练习，起跑，栏架跳跃，举重练习（抓举和挺举）	竞赛阶段周三训练计划示例： •准备活动慢跑 •静力性柔韧
周二	准备活动慢跑，静力和动力柔韧练习，短距离助跑跳跃，实心球循环练习，放松性慢跑	•动力性柔韧，每个练习15次：前后鹰式练习，腿部摆动练习，栏架摆动绕环
周三	准备活动慢跑，静力和动力柔韧练习，速度练习，助跑模拟练习，速度耐力，举重练习（抓举和挺举），赤足跳跃放松	•助跑练习（每个练习2×30米）：高抬腿跑，后踢腿跑，A型跳，B型跳，克里欧卡舞
周四	休息	•助跑模拟练习（重复5~6次）。
周五	准备活动慢跑，静力和动力柔韧练习，速度练习，加速训练，重复投掷	•速度耐力：2×90米速度跑—惯性跑—速度跑
周六	准备活动慢跑，静力和动力柔韧练习，速度练习，助跑模拟练习，短距离助跑跳跃，比赛	力量训练：高翻（3次，3次，2次，2次，1次，1次）
周日	休息	•400米慢跑跳跃放松
三月初至三月中旬（专项准备阶段——室内赛季，早期室外赛季）		
周一	准备活动慢跑，静力和动力柔韧练习，速度练习，阻力跑，举重练习（抓举和挺举、深蹲、卧推）	专项准备阶段周三训练计划示例： •准备活动慢跑 •静力性柔韧
周二	准备活动慢跑，静力和动力柔韧练习，栏架练习，技术练习，一般力量循环练习，举重循环练习	•动力性柔韧，每个练习12

(续表)

周三	准备活动慢跑，静力和动力柔韧练习，速度练习，助跑模拟练习，举重练习（抓举和挺举）	次：前后鹰式练习，正压腿，侧压腿，膝关节屈伸，腿绕栏架，双臂绕环，摆腿 • 助跑模拟练习（重复3~4次） • 速度耐力：2×150米，2×120米，2×90米 • 举重练习（抓举和挺举） • 400米慢跑（跳跃放松）
周四	准备活动慢跑，静力和动力柔韧练习，栏架练习，短距离助跑跳跃，实心球循环练习，放松性慢跑	
周五	准备活动慢跑，静力和动力柔韧练习，速度练习，跳深练习（跳箱），举重练习（抓举和挺举），赤足跳跃放松	
周六	准备活动慢跑，静力和动力柔韧练习，速度练习，速度耐力，栏架练习，放松性慢跑	
周日	休息	
三月中旬至四月（比赛阶段)		
周一	准备活动慢跑，静力和动力柔韧练习，速度练习，起跑器起跑，栏架跳跃，举重练习（抓举和挺举）	竞赛阶段周三训练计划示例： • 准备活动慢跑 • 静力柔韧练习 • 动力柔韧练习，每个练习10次：前后鹰式练习，正压腿，侧压腿，膝关节屈伸，腿绕栏架，髋关节绕环，双臂绕环，摆腿 • 速度练习，每个练习2×30米：侧向A型跳，B型跳，向后跳跃，直腿跳，侧向滑步练习（左、右） • 助跑模拟练习（重复3~4次） • 速度耐力：150米，2×120米，2×90米，组间休息5分钟 • 力量训练：高翻（4×6次），推举。 • 400米慢跑跳跃放松
周二	准备活动慢跑，静力和动力柔韧练习，短距离助跑跳跃，实心球循环练习，放松性慢跑	
周三	准备活动慢跑，静力和动力柔韧练习，速度练习，助跑模拟练习，速度耐力，举重练习（抓举和挺举），赤足跳跃放松	
周四	休息	
周五	准备活动慢跑，静力和动力柔韧练习，速度练习，加速练习，重复投掷	
周六	准备活动慢跑，静力和动力柔韧练习，速度练习，助跑模拟练习，短距离助跑跳跃，比赛	
周日	休息	

(续表)

	五月至六月（竞赛阶段）	
周一	准备活动慢跑，静力和动力柔韧练习，速度练习，阻力跑，举重练习（抓举和挺举），重复投掷练习	竞赛阶段周三训练计划示例： • 准备活动慢跑 • 静力柔韧练习 • 动力柔韧练习，每个练习15次：前后鹰式练习，摆腿，腿绕栏架 • 助跑练习，每个练习 2×30 米：高抬腿跑，后踢腿跑，A形跳，B形跳，克里欧卡舞 • 助跑模拟练习（重复 5~6 次）。 • 速度耐力：2×90 米速度跑—惯性跑—速度跑 力量训练：高翻（3次，3次，2次，2次，1次，1次） • 400 米慢跑（跳跃放松）
周二	准备活动慢跑，静力和动力柔韧练习，栏架练习，短距离助跑跳跃，实心球循环练习	
周三	准备活动慢跑，静力和动力柔韧练习，速度练习，助跑模拟练习，举重练习（抓举和挺举）	
周四	休息	
周五	准备活动慢跑，静力和动力柔韧练习，速度练习，起跑器起跑，重复投掷练习	
周六	准备活动慢跑，静力和动力柔韧练习，速度练习，助跑模拟练习，短距离助跑跳跃，竞赛	
周日	休息	

■第二部分 各项目技术、战术和训练计划

第五章 跳高

克利夫·罗维尔托（Cliff Rovelto）

田径项目是观赏性很强的运动，而跳高项目则是田径项目中最激动人心的项目之一。运动员飞跃横杆的场景使人们印象深刻。本章介绍助跑、起跳和绕杆旋转，以及如何指导学习这些跳高的技巧。最后，将介绍专项准备阶段和竞赛阶段。希望本章内容对处于任何水平阶段的教练员和运动员都能有所帮助。

准备活动和放松

跳高项目准备活动像其他项目的一样，必须有助于运动员从静止状态进入跳高项目的最佳唤醒状态。高效的准备活动使运动员形成特定心理状态，包括适宜的前导技术练习，以使运动员能够进行有效的助跑和积极的起跳。准备活动应该从一般性准备活动开始，提高运动员的身体温度，使身体充分放开便于完成更复杂的动作技术。之后，准备活动应包括针对运动员个体需要的专项练习，以帮助运动员达到最佳唤醒水平。

在进行准备活动时，运动员应该进行适合自己需要的专项前导技术练习。事实上，所有跳高运动员的准备活动包括助跑、各种形式的跳跃（包括剪式跳高、短距离跳高或两者都有）、全程助跑跳高。在每次跳跃之间，运动员应该至少休息3分钟，以恢复和重建ATP能量系统。比赛中，运动员试跳间隔经常大于3分钟。在这段时间里，他们应该进行轻微拉伸练习、一般跑动练习和10~20米的短距离加速跑。

放松活动是训练计划中很重要的部分。其目标是使运动员恢复至平静状态,为下次训练做准备。跳高运动员经常犯的错误是忽略放松活动。他们必须严格要求自己完成训练计划,包括放松活动。

助　跑

目前,跳高助跑常用的有三种方式。最常见的助跑方式是J形助跑,运动员开始是直线助跑,然后进入弧线(图5.1b)。第二种助跑方式是外展形助跑,运动员从稍宽的外侧助跑,进入最后弧线(图5.1c)。第三种助跑方式是弧线形助跑,运动员从内侧助跑,进入最后弧线(图5.1a)。三种助跑方式被不同水平、不同性别的运动员所采用。高水平、训练年限长的运动员更多采用外展形技术,年轻的运动员更倾向于采用弧线形技术。本章论述以左腿起跳为例。

不管运动员采用何种方式助跑,最后弧线跑的目的是一样的:产生地面反作用力,使运动员能够向内倾斜远离横杆。这种倾斜是离心作用力的反应,离心作用力使物体沿弧线移动时会产生向弧线中心外的运动。这种倾斜的结果使运动员的身体重心朝向弧线内侧。图5.2显示了这一点。从场地侧面向下观察横杆,在起跳时身体倾斜使运动员有机会在横杆前垂直起跳。从后面观察,优秀运动员起跳时身体倾斜大约10°(Dapena, Gordon, and Meyer

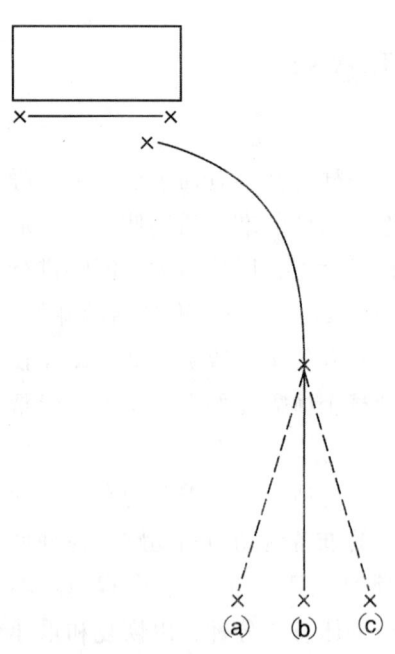

▶图5.1 跳高助跑弧线:
(a) 弧线形 (b) J形 (c) 外展形

2006)。这种倾斜也可以引导运动员降低重心。身体倾斜带来的结果对运动员都是有利的,本章将对此进一步讨论。

跳高助跑像其他跳跃项目一样,必须考虑四个因素。首先,运动员必须克服生理惰性,以有效且一致的方式进行加速助跑。跳高运动员助跑的起跑有许多种形式,包括站立式起跑、走步式起跑、跳跃式起跑和弹跳式起跑,还有这些形式的若干组合。不管运动员运用何种形式起跑,必须强调正确的蹬伸技术。第二,跳高运动员在进入到身体直立助跑姿势时必须强调助跑动作的正确性。脚背屈和正确的向前助跑技术对助跑效率是关键。第三,运动员沿弧线助跑必须强调弧线助跑姿势和技术。运动员必须保持身体呈直线状态,使肩与髋关节在同一平面内。一个常犯的错误是助跑进入弧线时身体前倾或腰部扭转。运动员在弧线助跑时也必须保持踝关节背屈,助跑时运动员踝关节跖屈或踮着脚会使脚后跟滑行,使地面对脚的作用力减小,外侧肩在髋关节前。正确的弧线助跑技术会使运动员的力量强有力地作用于地面,并沿着弧线助跑。这意味着运动员必须使身体重心朝向弧线内侧(图 5.2)。第四,运动员助跑节奏必须由慢到快。行进的节奏取决于合理的助跑技术、良好的身体姿势和充足的力量水平。

运动员助跑训练中需要考虑许多因素:助跑步数、弧线半径和起跳角度。每个运动员积极有效的助跑是这三种因素的正确结合。

助跑步数 跳高运动员一般助跑 6~12 步。年轻运动员应该使用 6~

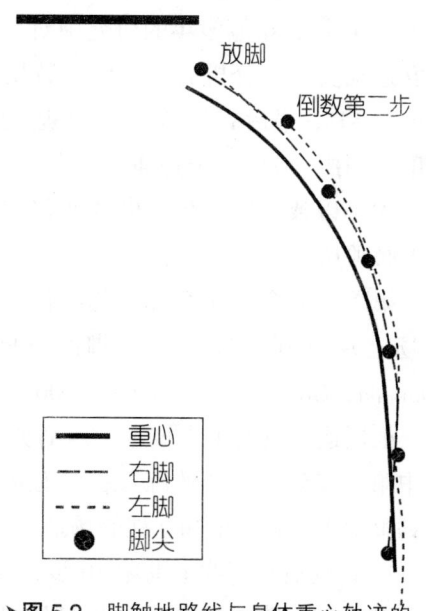

▶图 5.2 脚触地路线与身体重心轨迹的关系

10步助跑，年长的、身体条件更好的运动员应使用10~12步助跑。助跑步子是偶数比奇数步更合理，这意味着跨出的第一步应为非起跳脚。静止起动比其他形式更有助于助跑的一致性和稳定性。这对年轻运动员特别关键。

弧线半径 弧线半径因人而异，运动员和教练员必须反复测量才能确定合适的弧线半径。运动员助跑技术、力量水平和身体姿势将影响弧线半径的大小。这好比短跑运动员分别在200米周长的跑道和400米周长的跑道上进行200米赛跑，跑道越短，弯道半径越小，运动员越需要合理的技术来保持水平速度。如果运动员不够强壮，难以抵抗压力，他的技术将受到影响。运动员训练的目的应该是发展合理的助跑技术和提高力量训练水平。Dapena和Iiboshi (1997) 在对1991年世界田径锦标赛决赛运动员的研究中发现，女运动员平均弧线半径为31英尺8.75英寸 (9.65米)，男运动员为27英尺10英寸 (8.47米)。

冲击角度 在讨论最后两步助跑以及它们与横杆的关系时，需要明确两个概念。首先是运动员身体重心的路线与横杆立面形成的角度。Dapena在他多年的研究中对9名高水平男运动员和8名高水平女运动员进行分析后得到以下数据：男运动员倒数第二步的平均角度是51°，最后一步是40°。女运动员大致相同，倒数第二步平均角度是50°，最后一步是40°。了解这些信息是非常重要的，可避免角度太小以致身体平行于横杆助跑或角度太大冲着横杆助跑。这些角度必须从头顶上空观察，没有胶片分析很难计算。

第二个概念是注意最后几步脚接触地面的路线，这很容易在训练场上观察到。最后一步脚的方向要与横杆立面成接近30°角 (Dapena, Gordon, and Meyer 2006)。

根据运动员的个人技术，运动员的助跑训练应该包括以下步骤：其中第一步到第四步的练习在没有垫子和立柱的场地中进行。第五步到第六步在有垫子和立柱的场地进行。

1. 运动员在直线上助跑10步，速度凭运动员感觉能够控制并完成起跳为宜。第一步应该是非起跳脚。最后一步应该用粉笔或胶带进行标注，应进行4~5次助跑后取平均值。接着运动员以同样方式继续进行10步直线助跑，这回标出第5步。同样进行四至五次助跑后取平均值（图5.3）。

2. 运动员以他感觉舒适的速度沿弧线助跑，在第5步和第6步时进入弧线。通过4~5次助跑确立起跳点位置（图5.4）。

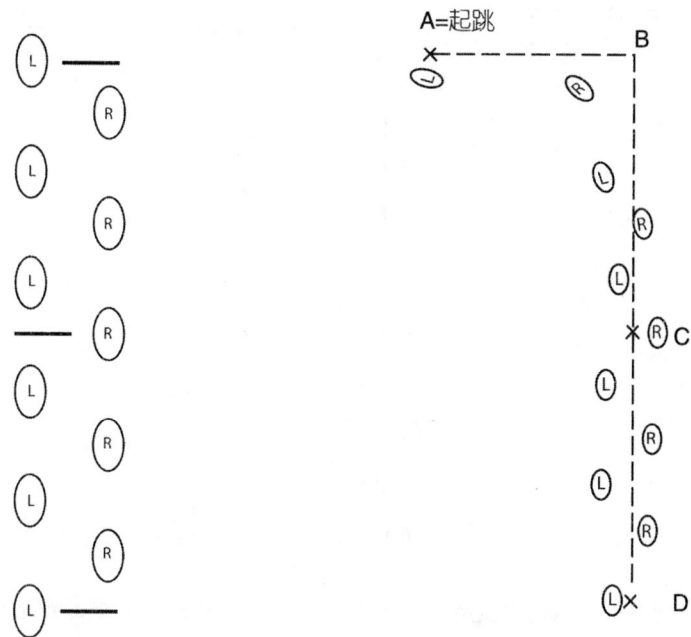

▶图5.3 绘制助跑路线：10步助跑　　▶图5.4 绘制助跑路线：确定起跳点

3. 如图5.4，运动员或教练员丈量从A点到B点的距离，这条直线应该与横杆平行。然后丈量B点到D点的距离、B点到C点的距离，它们应该与横杆垂直。现在，运动员可以将三组测量数据转换到正式场地上。

4. 教练员和运动员确定场地上的起跳点，然后从此点进行丈量（图5.5）。

5. 运动员在有立柱和垫子的场地上进行助跑练习，做必要的调整。例如，在有立柱和垫子的场地中，运动员有可能会降低助跑的速度，因此需要将起点向前移动。教练员需要对运动员控制弧线跑的能力作出最佳判断。弧线大小取决于运动员的力量水平和助跑技术。

6.当运动员助跑时,应该从垫子旁边跑过去,而不是穿过垫子(图5.6)。

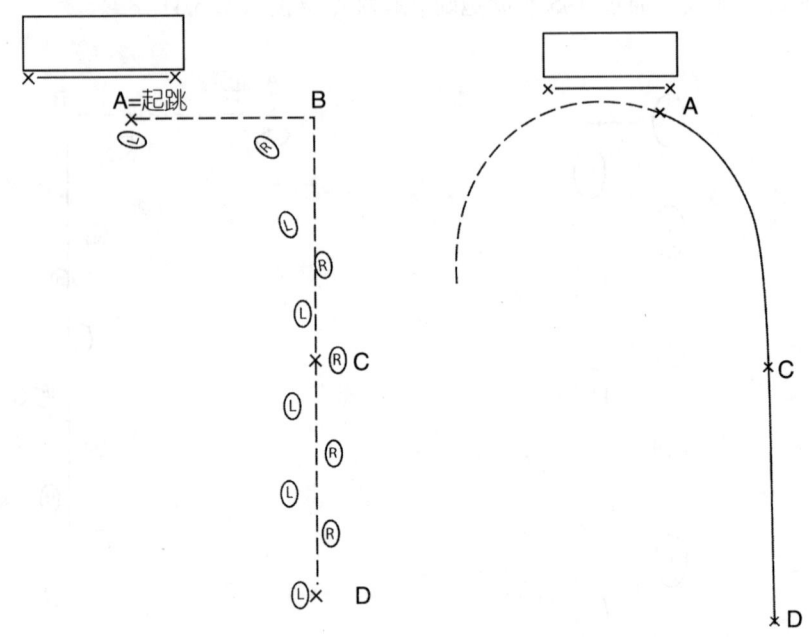

▶图5.5 绘制助跑路线:标记场地上的起跳点

▶图5.6 绘制助跑路线:运动员在垫子旁边跑过

10步直线助跑的距离应该与10步弧线助跑的距离比较,即从基准线到起点的距离。两种测算方法的显著区别是:(1)当弧线助跑时,运动员不能保持水平速度,或者(2)运动员不能进行弧线助跑。中间步点应该放在5步的位置处。如果前5步的距离明显小于后5步,一般被认为加速能力差,运动员不能在助跑后半程进行有力后蹬。

把助跑路线画在纸上 当把助跑路线画在纸上时,可用1/8英寸等同于1英尺的比例。需要一把尺子,一个量角器和一个圆规。跳高横杆长为4米。为了方便绘制,我用了13英尺。X线经过起跳点和横杆中心,Y线与X线垂直。用圆规画一弧线,与起跳标志和中间标志相交。图5.7即是利用此法绘制的。长线代表运动员助跑路线,

第二部分 各项目技术、战术和训练计划

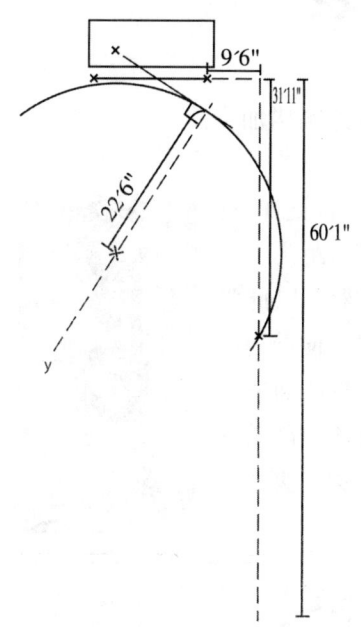

▶图 5.7 绘制助跑路线：画助跑的例子

弧线不是利用运动员的第 6 步和第 7 步绘制的，而是第 8、9 和 10 步落在弧线上。这个助跑路线是运动员 Karol Rovelto 的，她的最好成绩是 6 英尺 5.5 英寸（1.97 米）。把助跑路线绘制在纸上有助于教练员和运动员修正弧线半径。可以把这个路线图用粉笔或胶带在场地上标记出来。

对于有效起跳而言，倒数第二步是非常关键的。这一步脚的位置应与运动员助跑时想象中的弧线一致。脚要放平且积极有力。运动员躯干应该直立，髋关节和躯干应该随着倒数第二步脚的移动而移动，不应该有丝毫延迟。运动员应该蹬腿送髋，准备起跳。随着倒数第二步的移动，运动员起跳腿的脚后跟要低，起跳脚积极向前落地，起跳脚背屈，放平落地。

助跑练习

跳高项目的助跑包括三个重要因素：加速、最大速度和弧线助跑技术。分别论述如下。

加速

在助跑的前三步，运动员应该利用蹬伸技术。胫骨与地面成锐角，手臂大幅度摆动，脚后跟要低，髋关节充分伸直。下面是一些加速训练手段。

▶▶ 标志跑 ◀◀

目的

使运动员学会向后向下蹬地技术，逐渐增加步长。

步骤

在地面上放置 8~10 个胶带或木棍，位置如下：第一个标志距起点 50 厘米，第二个标志距第一个标志 65 厘米，第三个距第二个 80 厘米，以此类推。运动员开始时双脚站立在起点，身体向前迈出第一步跨过第一个标志，使小腿胫骨与地面成锐角。运动员以同样的方式通过每一个标志。随着标志间距离增加，逐渐向地面施加更大压力，脚部保持背屈。运动员重复该练习 5~10 次。

▶▶ 拉雪橇 ◀◀

目的

使运动员体会在阻力下的后蹬动作技术。

步骤

开始时运动员起跳脚在前，非起跳脚向前迈第一步。当脚背屈时，胫骨与地面成锐角，运动员进行后蹬时牵拉一些阻力譬如拉雪橇或其他类似的物体，前进 10~15 米。阻力能使运动员髋关节完全蹬伸，这些都是跳高助跑所必需的。运动员重复该练习 5~10 次。

▶▶ 阻力跑 ◀◀

目的

使运动员在较大阻力下感受后蹬动作技术。

步骤

此练习像拉雪橇动作一样，只不过该练习阻力是由同伴提供。当同伴施加较大阻力时，使运动员速度下降，同伴好像被运动员牵拉着走一样，可以发展其加速所要的专项肌肉力量。该练习距离为 10~15 米。运动员重复该练习 5~10 次。

最大速度

在10步助跑中，第4、5、6步是直线助跑的最后几步，并由此过渡到弧线助跑，这几步应该强调最大速度。用最大速度来描述有些不准确，因为运动员不可能以最大速度助跑。运动员应该根据自己的能力，采用最佳速度进行助跑。训练年限少的运动员和力量差的运动员，不能像训练年限长及强壮的运动员那样采用尽可能快的水平速度助跑。最大速度应该强调身体直立、脚背屈、脚后跟置于大腿后方和正确的向前技术（向前跨步和后蹬）。胫骨与地面垂直，力量垂直作用于地面。以下练习可以用来发展运动员最大速度。

≫ A形跑 ≪

目的
促使运动员获得施加于地面的垂直作用力。

步骤
运动员向前助跑，大腿高抬至与地面平行。运动员应该高重心跑，保持躯干直立，脚部背屈，踝关节放置于大腿后方并高于加速阶段。该练习应进行20~30米，重复5~10次。

≫ 楼梯跑 ≪

目的
强化运动员获得垂直作用力。

步骤
多级楼梯应密集排在一起，以便运动员跑楼梯时没有较多的水平跑动。运动员应该高重心，注意不要弯腰。脚部应该背屈，大腿抬高与地面平行。每次练习10~20步，重复8~10次。

>> 快速跑练习 <<

目的

发展运动员由启动到快速跑的速度能力。

步骤

运动员经过 20~25 米的加速区后以最大速度快跑 10~30 米的距离。像前面提到的，快速跑应该强调合理的最大速度。跳高运动员重复该练习 3~5 次。

>> 节奏 <<

目的

发展助跑持续加速能力，增加步长和发展步频。

步骤

助跑节奏应该由慢到快。加速度应该一致，运动员应该力求完成全程跑，最后阶段没有明显减速、速度没有降低时，运动员应该快跑如飞。

>> 节奏跑 <<

目的

建立由慢到快的助跑节奏。

步骤

在 10 步有节奏的助跑中，强调加速和最大速度技术是有益的。运动员以下列方式计算每一步：1—2—3，1—2—3，1—2—3—起跳。每连续三步增加节奏。节奏跑练习在一条直线上进行，重复 6~8 次。

弧线助跑技术

弧线助跑要求最初几步有正确的蹬伸动作,调整角度和保持速度。弧线助跑时,运动员身体保持直立以克服离心力,这种力量使身体向内倾斜。

》》圆圈跑《《

目的
加强正确的弧线助跑技术。踝关节置于大腿后方。

步骤
运动员沿圆圈助跑,保持身体直立,肩和髋在同一平面上。内侧腿在身体中线附近。脚部背屈,脚后跟置于大腿后方,类似于最大速度跑。胫骨角度应该垂直于地面或与地面成接近90°锐角。圆圈半径应该接近运动员的助跑距离。运动员在每个方向上重复3~5次练习。

》》8字跑《《

目的
使运动员在弧线助跑中保持频率。

步骤
运动员采用8字助跑,弧线在8字的顶部和底部。重点是进入和经过弧线时增加频率,而在直线部分时放松。当运动员跑过弧线时,教练员应该注意观察运动员小腿胫骨与地面是否成锐角。运动员每组跑2~3次8字跑,每次2~3组。

▶▶ 跑道上弧线助跑 ◀◀

目的

加强正确的弧线助跑动作技术。

步骤

运动员在弯道上弧线助跑，要注意保持正确的身体姿势，用到前面提到的圆圈跑技术。运动员可以在后背加负重助跑，有助于使运动员身体呈直线状态，并保持正确的髋和肩轴排列。练习距离为 40~100 米，重复 3~4 组。

▶▶ 蛇形跑 ◀◀

目的

使运动员能够反复地练习从直线到曲线的转换。

步骤

运动员在跑道上蛇形跑或"S"形跑，重点是在转换到弧线跑时内侧腿后蹬时越过身体中线，积极扒地。运动员必须注意使肩和臀自然排列。建议每组 60~100 米，6~8 次重复。

▶▶ 助跑道助跑 ◀◀

目的

使运动员反复练习不起跳的助跑。

步骤

运动员在助跑道上进行助跑，从垫子旁跑过而不是跳过去。这有助于在助跑的最后获得地面的反作用力，并且保持跑速。运动员由直线进入弧线跑时，第 6 步脚的位置应该在身体的中线。当跑至弧线时，运动员应该有意识地使内侧腿经过身体中线。该练习重复 8~10 次。

>> 快跑 <<

目的

加强助跑倒数第二步时水平方向上的积极运动。

步骤

运动员快跑——也就是说,倒数第二步水平蹬摆,使起跳腿垂直作用于地面。强调后腿蹬伸而不是前腿前摆。该练习重复5~6次,距离为20~30米。

>>> **单腿支撑练习** <<<

目的

发展运动员助跑倒数第二步的腿部力量。

步骤

运动员以类似身体前冲的姿势将倒数第二步的腿向前迈出，躯干直立，推动髋关节向前超过脚，至最前端时，倒数第二步腿的胫骨在身体后地面接近平行。接着运动员向后蹬伸重新转入起始位置。当运动员移动时，髋关节要保持平稳。该练习可徒手或负重练习。每组 5~10 次，每次 2~3 组。

起 跳

跳高项目起跳的目的是把水平速度转化成垂直速度。起跳脚与地面接触的时间很短。优秀运动员（女运动员成绩在 1.98~2.08 米，男运动员在 2.34~2.44 米；Dapena 2000）起跳脚与地面接触的时间范围是 0.14~0.21 秒。引起运动员过杆不顺利的原因之一是起跳脚的"着地"动作，使起跳时间太长。起跳时有此问题的运动员即使努力想要跳得高一些，但却从横杆上直接落下来。运动员必须尽可能在最短的时间内产生尽可能大的垂直速度（以达到更高的高度）。运动员不仅要迅速产生爆发力，而且要产生很大的爆发力。通过弧线助跑产生的倾斜，可以有效降低身体重心。身体重心降低可以使身体在较大范围内活动以蹬离地面。

起跳时，起跳腿积极蹬踏地面，臀部肌肉和大腿后群肌肉必须非常积极，使起跳腿作用于地面。股四头肌的作用非常关键，在起跳脚与地面接触的一瞬间，股四头肌离心收缩有助于起跳腿稳定，限制膝关节弯曲。优秀运动员起跳腿接触地面时膝关节弯曲角度在156°~171°范围内（Greig and Yeadon 2000）。运动员起跳腿积极作用于地面，使身体重心升高，相反的结果是脚一落地，运动员身体重心即下降。

起跳的力学原理是一个推压—牵拉的动作。推压动作是指倒数第二步髋关节受到推压。牵拉动作是指起跳腿的积极反向运动，带来摆动腿一侧的髋关节受到牵拉，这是起跳腿积极发动而产生的牵拉反射。

起跳脚的纵轴（通过脚心连接脚后跟到脚趾的直线）应该正对垫子远端斜对角的方向。髋关节和肩应该与脚成自然排列。运动员经常把起跳脚放在正对对面立柱的方向，或者更糟的是，与横杆平行。这种动作会引起踝关节受到压力过大，引起运动损伤。

每个运动员的起跳点是不一样的，这取决于许多因素。一般来讲，运动员如果沿弧线助跑的水平速度很快，则起跳点离横杆的距离较远。最后两步重心的轨迹也是一个影响因素。与横杆的角度越大，起跳时离横杆就越远。起跳脚的位置一般离横杆的立面 2~3 英尺（61~91 厘米）。有数据表明女运动员起跳脚与横杆立面的距离一般在 18~36 英寸（45.7~91.4 厘米）。男运动员起跳距离更远些，一般在 36~60 英寸（91.4~154 厘米）（以上距离通过对 NCAA 第一级别运动员和大学毕业运动员的调查得来）。

起跳练习

>> 直道上连续起跳 <<

目的

发展正确的倒数第二步技术，使水平速度转化成垂直速度。

步骤

该练习像跳远的起跳动作，强调倒数第二步起跳脚要放平。起跳脚垂直蹬伸，运动员水平方向上的移动大于垂直方向的移动，倒数第二步脚着地继续向前移动，不断重复这个技术动作。该练习重复3~5次，距离20~40米。

>> 圆圈跑起跳练习 <<

目的

提高身体倾斜状态下的转换能力。

步骤

该练习把前面提到的起跳练习与本章前面提到的圆圈练习结合起来。运动员在圆圈跑动时每6步起跳一次。当运动员反向跑动时，必须用另一条腿起跳。该练习能提高动作技能。

第二部分 各项目技术、战术和训练计划

▶▶ 单足跳障碍物 ◀◀

目的

使运动员学会正确的倒数第二步技术，训练后两步快速水平移动。

步骤

在该练习中，运动员单脚跳过6~18英寸（15.2~45.7厘米）高的障碍物。对于刚参加训练的运动员，障碍物的间距为8~10英寸（2.4~3米）。当运动员获得自信并且能用更快的水平速度完成该练习时，障碍物间距可以增加。鼓励运动员采用平—平、快—快的触地方式。障碍物必须较低，不能影响运动员的水平移动。该练习重复4~5次，每次5~10个障碍物。

▶▶ 跳跃式起跳 ◀◀

目的

鼓励运动员积极起跳。

步骤

运动员在跑道上跳跃，利用臀部肌肉和大腿后群肌肉使起跳腿向后向下蹬离地面。起跳腿脚跟在运动过程中要低，摆动腿一侧的髋尽量大幅度运动。该练习可徒手练习，也可负重练习。运动员应该重复该练习5~10组，距离为20~40米。

▶▶ 起跳过栏 ◀◀

目的

使运动员在起跳时获得较大的冲力。

步骤

此练习与前面的跳跃式起跳练习一样，但需要运动员对地面施加更大的作用力，能越过单个障碍物或在直道上放置的一组障碍物。运动员落在沙地里或柔软的垫子上。单个障碍物共2~5组，每组重复5次，或者4~5个障碍物，重复5组。

>> 跨越式跳高 <<

目的

加强最后两步"快—快"的节奏。

步骤

此练习可从 6 步到全程助跑。跨越式跳高的起跳要求运动员最后两步脚要扒地，倒数第二步的脚要快速。起跳腿强有力的蹬伸动作使摆动腿一侧髋关节快速前移。运动员双脚跨越式过杆，保持身体直立，脚落在垫上。横杆的高度设定应能使运动员保持正确的起跳姿势为准。由于该练习一般用于准备活动，所以常常重复 3~5 次。

>> 踏跳板跳高 <<

目的

发展运动员垂直冲量，创造更多的腾空时间。

步骤

运动员在踏跳板上起跳，从 6 步助跑逐渐过渡到全程助跑。在运动员的起跳位置上摆放踏跳板，倒数第二步踏在地面上。该练习能产生动力，防止重心随起跳腿屈曲而降低。而且，由于起跳地面是抬高的，运动员在神经肌肉系统疲劳时也能进行积极起跳。运动员看到横杆升高时心里很舒适，有机会在较高的高度越过横杆。运动员用踏跳板起跳过杆 8~12 次。

在他人帮助下起跳

目的

训练正确的起跳姿势。

步骤

横杆放在个人最好成绩或以上位置。像前面提到的单腿支撑练习一样,运动员从倒数第二步开始,然后蹬伸,起跳腿积极蹬地。如果运动员保持正确的肩关节、髋关节与放脚姿势,起跳结束后他将向后倒去。一名同伴站在运动员一侧,手放在其背部中间,引导运动员安全地落到地面。运动员应该进行2~3组练习,每组重复5~10次。

过　杆

Dapena（2000）简要描述了背越式跳高过杆时扭转空翻的过程。身体扭转的结果是使运动员沿着垂直轴转动，使运动员背部朝向横杆。空翻旋转是身体向前和向侧面空翻转动的结果。当运动员起跳腿蹬伸时，获得水平冲量，瞬间产生前旋。当运动员沿弧线助跑，向横杆外侧倾斜，起跳时由于侧向旋转产生角动能。

一旦运动员离开地面，其身体重心轨迹就已经预先确定下来不能改变。然而，肢体各部分的运动能促使身体沿横杆转动。例如，在横杆上方时如果运动员从躯干向外伸展手臂，他的上体转动将减慢。如果身体上半部分旋转慢于下半部分，则需要缩短下半身的旋转半径，增加旋转以越过横杆。通过弯曲膝关节和分开两膝，可缩短肢体的旋转半径。

背弓动作和非背弓动作有助于肢体沿横杆旋转。教练员和运动员应该仔细理解跳高的这些技术要点，不能只从审美观点去考虑。背弓动作有助于髋关节抬高，非背弓动作则使髋关节降低。髋关节降低时，腿部相应抬高，使过杆时机的把握更准确。当大腿过杆时，下巴要靠近胸部，髋关节下降，相应的小腿上升。

每个运动员背弓的程度和非背弓的时机都是不同的。运动员潜在的动作天赋将决定这一点。大多数运动技能具有反射性，如果不被外部因素干扰，反射过程将会自然发生。相对于身体重心，腾空时腿的位置决定了手臂的动作。如果双腿伸直，其过杆动作将缓慢。这就要求上体的旋转加速，以使整个身体能顺利过杆。运动员可收回手臂靠近肢体完成这一动作。

运动员成功落在跳高垫子上是目标。背越式跳高以运动员背部着地动作为结束。如果运动员高效地旋转过杆，他将以背的上部分着地。开始时跳高运动员偶尔在肩部着地时会感到犹豫，因为他们担心颈椎受伤。后面介绍的过杆练习将有助于运动员建立信心，能够正确和安全地落地。

过杆练习

正如前面所叙述的,运动员过杆主要取决于助跑和起跳。用于过杆专项练习的时间相对较少。开始训练时跳高运动员最大的担心之一来自于后背从高处着地。运动员可以通过训练提高信心水平。对所有运动员来讲,非背弓的时机是很重要的。全程助跑跳高与原地跳高在时间上存在一些区别。准备活动和基本练习一样,有经验的运动员会从以下练习中受益。

落地动作的目标是运动员安全地落在跳高垫子上。背越式过杆能使运动员背部着地。如果运动员能有效地过杆,他的后背上部将着地。

▶▶▶ 站在跳高垫上原地跳起后空翻 ◀◀◀

目的

帮助运动员建立空中肢体感觉。

步骤

运动员站在跳高垫子上面，做5~10次后空翻，腹部落在垫子上。向后腾跃时运动员应该保持背弓的姿势，不应该像跳过障碍一样。初学者需要同伴站在垫子上帮助其完成动作，就像运动员在地上练习后空翻动作一样。

>> 背对横杆原地起跳过杆 <<

目的

帮助运动员在肩部着地时获得自信。

步骤

运动员背对横杆站立,向上向后起跳过杆,肩部着地。快落地时,运动员要继续旋转越过横杆。横杆高度可以低一些,以使运动员处于高过横杆的舒适姿势落地。运动员进行5~10次该练习。

➢➢ 站在跳箱上背对横杆原地起跳过杆 ➣➣

目的

运动员在升高的平面上跳跃以增加空中时间。

步骤

运动员不断从越来越高的高度落下,通过重复练习,可以获得自信。在一个升高的平面上练习背部过杆着地,开始用 1 英尺(30.5 厘米)高的跳箱,运动员获得信心后,箱子的高度可以增加。横杆的高度也可以随着运动员自信心的增强而提高。运动员一般进行 5~10 次此练习。

➢➢ 结合助跑的背部着地练习 ➣➣

目的

帮助运动员练习旋转过杆和更大冲力的落地。

步骤

运动员采用近乎直线助跑的方式对着横杆短距离(5~6 步)起跑,在助跑的最后阶段,运动员双脚同时落地,背对着横杆,向上向后跳起双腿过杆。随着运动员的自信心和能力的增加,横杆的高度可以提升。运动员重复过杆 5~10 次。

比赛战术

在比赛中,运动员面临的许多情况都会影响比赛成绩的发挥。如风力、高温或低温、下雨、众多的参赛运动员和不熟悉的跑道地面都是他们可能遇上的一部分情况。大多数因素(但并非全部)都可以预见,可以在训练中进行模拟。以下部分提出了这些潜在的因素,并给出了如何在训练中进行应对的建议。

风力 在室外比赛中,运动员会遇到各种方向的风。为了学会在比赛中如何有效地减少风力的影响,运动员应该在各种风向情况下训练。运动员必须进行顶风练习、顺风练习和侧风练习。这使运动员在各种条件下助跑都能进行调整,获得自信。例如,如果运动员顺风跑将不得不增加助跑距离。

温度 运动员在竞赛时必须学会应付严寒或酷热的恶劣天气。在不良天气条件下训练可以使他们学会调整准备活动,在试跳之间保证身体暖和或凉爽,以及如何为下一次试跳做准备。因为调整对每一个运动员都是不一样的,运动员必须决定如何根据个人需要进行调整。

下雨 没有运动员希望在雨天进行比赛。大部分运动员害怕在雨中助跑或起跳时滑倒。总有重要的比赛是在雨中进行的,那些对这种天气有准备和信心的运动员会获得胜利。多数运动员尝试过在雨中跑弧线,他们趋向于脚部跖屈或"跐脚跑",这会导致动作不稳,增加滑倒的可能性。运动员必须学会在湿滑环境下保持正确的助跑动作,可以赛前通过在雨中或湿滑的场地上练习以适应这种情况。

参赛运动员数量 运动员在比赛中会遇到或多或少的参赛运动员。如果参赛运动员数量较少,则与训练情况一样,大多数运动员会感到舒适。如果参赛运动员数量太多,情况会完全不同,运动员在比赛中试跳间隔时间较长。运动员需要掌握良好的方法,为每次试跳做准备。此外,每个运动员有不同的特点,要针对个人进行训练。

跑道地面 运动员会遇到硬的场地,也会遇到软的场地。场地的尺寸大小也是一个问题。在助跑开始部分,经常是在草地上或在椭圆形场地上。建议运动员尝试不同材质的场地,模拟预期的场景。例如，如果运动员必须要从草地上开始助跑，与在助跑道上相比，其向后蹬伸的力量会受到影响。在这种情况下，运动员不得不多缩短一些助跑距离。

在赛季中，运动员还会遇到其他情况，比赛时间将是其中之一。一般情况下，运动员常常上午上课下午训练。然而，国立中学的运动会和高校运动会的跳高项目在早晨比赛。为了模拟这种状况，教练员必须在与比赛接近的时间进行训练。什么时候起床，什么时候吃饭，吃什么和吃多少，以及神经肌肉唤醒方案等都应该考虑。此外，针对每个运动员的最佳训练方案会有轻微差别，但建议最少要在比赛前三个小时起床，接着进行神经肌肉唤醒，然后早餐。另外还要考虑及格赛和决赛之间的间隔时间，可能会有一天或几天的间隔，或第二天比赛。不管竞赛日程如何安排，应该在训练中进行针对性模拟训练。休息、补水、营养以及各种康复手段（按摩、冷水浴）等都要作为重要因素考虑在内。

田径项目中，高度跳跃项目是独特的。集中精力和提高、降低唤醒水平的能力对所有运动员都是重要的，但在高度项目中尤为关键。运动员在每个高度上最多能试跳 3 次，而每名运动员越过横杆的试跳次数是不一致的，运动员不能准确知道两次试跳之间的时间。运动员必须随时了解自己的试跳顺序，以便作出适宜的决定，来调整其精神状态唤醒水平。

每个运动员会选择不同的起跳高度。起跳高度应该是运动员有信心通过的高度。这会根据赛季时间有所改变。随着赛季的进行，运动员应该很容易越过更高的起跳高度。在跳高项目中，建立合理的节奏是非常关键的。因此，免跳的高度在准备活动结束和运动员第一次试跳之间就应该确定。比赛中总有这样的例子，运动员在准备活动时跳得很出色，但接下来在正式比赛中却频频失误，这是因为运动员在一个较高的高度开始起跳，间歇时间太长会失去节奏。如果运动员状态良好，在比赛中完成一定次数的试跳也很少出现疲劳。许多运动员的最好成绩在12~16次试跳中完成。自我感觉良好的运动员经常选择超过适合自己的高度作为起跳高度，这种错误是无法原谅的。

像前面提到的，跳高项目常用的战术是免跳。运动员应该力求第一次试跳获得成功，但总有失误发生。如果运动员由于失误落后时，他可以选择免跳一个高度，因为即使成功了，根据规则他仍将落后于其他运动员。需要强调的是不同水平的比赛竞赛规则会有所不同，运动员应该熟悉适用他们竞赛水平的规则。

进行免跳时，运动员应该仔细考虑。例如，免跳时仅剩下一次试跳机会会冒很大风险。如果运动员有成功的信心，最好是跳过这一高度，以期在下一高度上有三次试跳机会。如果运动员感觉到非常疲惫，他可能希望下一高度的最后一次试跳保存精力，以便获得好名次。在比赛的最后阶段，这种情况比较常见。在比赛前期进行免跳的例子是运动员认识到比赛节奏的重要性，他会选择较低的起跳高度，越过横杆，然后在下一个有信心的高度免跳。

训练建议

在第八章和第九章中论述了一般训练原则和个人练习指导。因为跳跃项目都是速度—力量型项目，训练建议是大致相同的，本章节阐述跳高项目的专项特点。

成功的训练计划应该从宏观角度来制定，不但包括各种因素，而且注意小细节和方便实用。在跳高项目中，影响运动员潜力的最大障碍是起跳腿的脚、踝关节和膝关节的损伤。许多运动员和教练员为提高运动员能力以产生更大的起跳爆发力而做了大量的专门训练。然而他们不应该忘记，过分强迫身体却难以发挥应有的效率。在跳高中，起跳脚落地时的纵轴经常平行于横杆立面，而身体重心的轨迹正如前面讨论的一样，与横杆大约呈40°角。这种结合使踝关节和脚承受了相当大的压力，脚刚一接触地面，踝就开始做拧转。起跳腿的肌肉和结缔组织必须牢固和强壮，以承受住这些压力，防止受伤。因此肌肉骨骼的发展是一个重点问题，不能忽视。

另外一个重点是，要提高运动员的本体感知能力。本章前面已详细论述了过杆时的旋转。很多过杆动作都具有肢体相对运动。当运动员意识到髋关节正在过杆时，会把下颌靠近胸，然后使髋关节下落、小腿上举。把握这些动作的时机是很重要的，如果没有良好的本体感知系统，将不可能完成这些动作。

在跳高项目中，比赛时需要跳跃一定次数，发展这种能力是很重要的。尽管一个重要的目标是要提高运动员的工作能力，但神经系统过于疲劳时这种能力不起作用。耐力或者工作能力从大的方面或者持续工作方面来看都是很重要的。

运动员和教练员试图测量进步幅度，评价训练计划的效率。速度—力量能力有很多测评方法。有一种方法能有效测评运动员跳高的潜能，同样也是测评跳高训练计划的有效而可信的方法。运动员要进行两项测验。第一项是测验双腿原地站立纵跳的高度，第二项是测量三步助跑起跳腿垂直跳跃的高度。两个高度的差值可表示跳高潜力大小。差值在6英寸及以上（15.2厘米及以上）说明运动员跳高潜力较好，差值在10英寸及以上（25.4厘米及以上）一般在优秀的运动员身上出现。在原地站立纵跳和跳高能力之间没有明显的相关性。

另一个要考虑的练习是运动员如何学会复杂的运动技术。一般情况下，复杂技术如跳高项目建议采用整体—部分—整体模式。跳高训练计划中往往过多强调短程助跑跳跃，而在巩固全程助跑跳跃方面做得太少。在短程助跑跳跃中弧线助跑时产生的压力（身体倾斜度）与全程助跑跳跃有显著区别。由此可见，在训练实践中要进行大量的全程助跑和全程技术练习。

教练员应该在训练中作出重点计划，在集中于单一技术的训练时，横杆应该相对低些，一般低于运动员的最好成绩6~8英寸（15.2~20.3厘米）。

在强调专项耐力（生理方面和心理方面）的训练中，运动员可以进行12~16次跳跃。运动员应该在其最好成绩以下8英寸（20.3厘米）处开始训练。每成功跳过一次，横杆提高2英寸（5厘米）。当运动员有两次连续的失误时，横杆降低1英寸（2.5厘米）。这种类型升降方式将使运动员保持专注。

第三种类型跳跃训练是竞赛模式。运动员以即将到来的比赛的起跳高度开始训练，按比赛模式进行。每成功跳过一次，升高横杆。一旦出现连续3次失误，训练结束。运动员应该不超过预先设定好的8~12次试跳次数。当达到这个试跳次数时，训练结束。

几乎所有优秀跳高运动员的共同特征是在训练中能跳出好的成绩。当运动员生理上和技术上都已做好充分准备，应该在适当时机鼓励其跳出好成绩。运动员也可以在比赛中免跳，这意味着下个高度高出之前的6~10厘米（2~4英寸）。在训练中大幅度提高横杆，有助于运动员在比赛中应对这种变化。

跳高训练计划示例

九月至十一月（一般准备阶段）		
周一	上午：力量训练。提拉杠铃 5×5 次、推举练习 4×5 次、大腿后群肌肉练习 3×10 次 下午：投掷练习、加速技术、多种跳跃跳入沙坑	一般准备阶段周二训练计划示例： ● 准备活动 ● 6×200 米，75% 强度（2 分钟间隔） ● 跨栏练习，5 次×10 栏 ● 核心力量练习，10~15 次×8~10 组 ● 放松活动
周二	上午：力量练习。行进间弓箭步 4×12 步、核心力量循环练习 2×10 次 下午：低强度速度练习（1200~1600 米）、栏架练习、核心力量练习	
周三	休息	
周四	上午：力量练习。深蹲练习 4×6 次、跳箱跳跃练习 4×5 次、负重提踵 4×15 次 下午：投掷练习、多种跳跃练习	
周五	上午：力量练习。一般力量训练循环练习 下午：核心力量训练、台阶练习、加速练习	
周六	休息	
周日	休息	
十二月中旬至一月（专项准备阶段）		
周一	上午：力量训练。肩负杠铃深蹲 6×3 次、跳箱跳跃练习 4×3 次、引体向上 3×10 次 下午：投掷练习、助跑练习、速度训练（300 米）、核心力量练习	专项准备阶段周一训练计划示例： ● 跳高专项准备活动 ● 多种投掷，3 组×5 次 ● 助跑 ● 跳跃，8~10 次 ● 4×75 米速度（4 分钟休息间隔） ● 放松活动
周二	上午：力量训练。平板握推 6×3 次、髋和腿蹬伸练习 2×6 次、弓箭步练习 3×30 秒 下午：跳高技术练习、投掷练习、栏架练习	
周三	核心力量练习	
周四	上午：力量训练。推举练习 6×3 次、站立或坐位负重提踵 2×20 次 下午：投掷练习、跳高技术练习、速度练习（300 米）	

(续表)

周五	上午：力量训练。抓举 5×5 次、大腿后群力量练习 3×12 次 下午：专项力量循环练习	
周六	低强度行进间跑（1200~1600 米）、核心力量练习	
周日	休息	
二月（竞赛阶段——室内赛季）		
周一	上午：力量训练。高翻练习 3×4 次、抓举 3×4 次、蹲跳 3×10 次 下午：跳高技术练习	竞赛阶段周四训练计划示例： ● 准备活动 ● 重复投掷 3×3 次 ● 跳栏架 3×3 次 ● 助跑路线练习
周二	低强度节奏跑（800~1000 米）、栏架练习	
周三	上午：力量训练。高翻练习 2×4 次、抓举 4×2 次、推举 2×4 次、蹲跳 3×10 次 下午：休息	
周四	准备活动、低强度神经肌肉刺激	
周五	竞赛	
周六	力量训练：平板握推 3—2—1、后背挺伸 3×12 次、跳高专项力量训练、起跳和倒数第二步练习、低强度行进间跑（1200~1600 米）、栏架练习	
周日	休息	
二月末至三月中旬（竞赛阶段）		
周一	上午：力量训练。过杆 6×2 次 下午：投掷练习、跳高技术练习	竞赛阶段周一训练计划示例： ● 上午：力量训练 ● 下午：准备活动，测试铅球后抛和低手前抛 ● 跳高技术训练、助跑、4~6 次跳高 ● 放松活动
周二	核心力量练习、栏架练习	
周三	上午：力量训练。抓举 3×3 次 下午：跳高技术练习	
周四	休息	
周五	赛前准备活动、低强度神经肌肉刺激	
周六	竞赛	
周日	休息	

(续表)

三月中旬至四月（专项准备阶段——之后室内赛季，室外赛季早期阶段）		
周一	上午：力量训练。高翻练习6×4次、平板握推6×4次、大腿后群肌肉练习3×6次 下午：投掷练习、跳高技术练习、核心力量练习	专项准备阶段周四训练计划示例： ● 跳跃专项准备活动 ● 8字跑4×2次 ● 双腿支撑练习2×5次 ● 4×60米弯道跑（4分钟间歇），每个方向2次 ● 放松活动
周二	上午：力量训练。引体向上3×10次、平衡练习 下午：低强度行进间跑（1500米）、栏架练习	
周三	一般力量循环练习（2个循环，10个练习，10次重复）	
周四	上午：力量训练。颈后负重深蹲接跳起6×4次、摆动腿练习3×12次、俯卧背弓振体练习3×12次 下午：跳高技术练习、速度训练（240米）	
周五	上午：旅行 下午：赛前准备活动、轻微神经肌肉刺激	
周六	竞赛	
周日	旅行、休息	
五月（竞赛阶段——室外赛季）		
周一	上午：力量训练。高翻8×2次、平板哑铃推举6×3次 下午：跳高技术、速度训练	竞赛阶段周六训练计划示例： ● 一般准备活动 ● 核心力量循环练习×2 ● 3×3×100米，75%强度（1分钟和3分钟间歇） ● 栏架练习 ● 放松动作
周二	上午：力量训练。大腿后群肌肉练习3×10次、引体向上3×8次、腹肌两头起4×10次 下午：行进间跑（800米）、栏架练习	
周三	休息	
周四	上午：力量训练。抓举5×5次、快速助跑跳跃4×5次 下午：多种投掷、跳高助跑、跳高、核心力量	

(续表)

周五	上午：力量训练。平衡、动力力量练习 下午：大强度节奏跑（600米）、核心力量	
周六	核心力量、低强度节奏跑（900米）、栏架练习	
周日	游泳	
六月（竞赛阶段）		
周一	测验、助跑、冰浴	竞赛阶段周一训练计划示例： ● 准备活动 ● 测验前抛和后抛铅球、立定跳远 ● 跳高助跑 ● 放松 ● 冰浴
周二	休息、按摩	
周三	赛前准备活动、低强度刺激训练	
周四	比赛、及格赛、冰浴、按摩	
周五	赛前准备活动、低强度刺激训练	
周六	竞赛、决赛、冰浴	
周日	旅行、休息	

第六章 撑竿跳高

格雷格·赫尔（Greg Hull）

撑竿跳高项目比赛常常能够吸引运动员、教练员和观众的广泛注意，因为它包含了运动员身体素质能力、技术水平和飞越20英尺（6米）高度的激动人心的情景。该项目以追求勇敢的意志品质吸引运动员，挑战运动员的能力极限，满足人们的体育文化需要。教练员和运动员需要接受的挑战是塑造运动员勇敢的意志品质，把它融入合理、安全的技术动作中以获得好成绩。目前，对于撑竿跳高技术众说纷纭，本章的目的是归纳、简化这些信息，帮助读者真正理解这个项目的内涵。

准备活动和放松

对不同项目而言，准备活动和放松活动是不同的。一些教练员设计准备活动和放松活动内容，一些教练员则让运动员自己做准备活动。撑竿跳高运动的准备活动要强调两点：熟悉持竿助跑和做好肩带与后背的准备活动。运动员应该在助跑道上跑一跑以熟悉各种场地器材，适应助跑道地面。通过短距离助跑和较低握持高度的撑竿起跳，运动员做好肩带、后背的准备活动，以使肌群适应专项运动的要求。

在试跳前，年轻的运动员应该全速助跑，如果他们担心运动过量可能在正式比赛前肌肉得不到足够的刺激。在助跑练习和短距离助跑撑竿练习后，最好做至少3个30~40米的冲刺跑。

第二部分 各项目技术、战术和训练计划

大部分撑竿跳高运动员不做放松活动，或许因为撑竿跳高的比赛耗时太长。运动员可自己来决定是否做放松运动。

撑竿跳高项目的基本概念

适用于大多数跳跃项目的基本技术概念也适用于撑竿跳高项目，只是运动方向由水平转向垂直。在助跑阶段，运动员必须增加运动速度，在竿撑地时把能量转移到撑竿上。能量保存和正确地施加作用力以及身体姿势、平衡和节奏都是获得好成绩必需的要素。教练员和运动员首要目标是使运动员在完成跳跃的过程中保持清醒的头脑，安全地落在垫子上。在身体素质训练和基本技术训练中，坚持进行助跑技术动作练习，会有助于获得好的成绩。

撑竿跳高技术主要取决于物理学原理、可控的最大速度的起跳和高效的起跳角度，产生的能量会有效地传递给撑竿，并在整个跳跃的过程中保存能量。教练员和运动员理解撑竿跳高的基本原理是非常重要的。运动员和撑竿是相互联系、密不可分的系统，必须正确把握好时机。本节将讲述下列技术原理。

1. *运动员所有的技术必须以杆上动作为目标*。这条原理包含了撑竿跳高运动员的关键技术环节。著名的波兰教练员 Andrei Krezinski 用弹道弹射模拟了运动员悬垂、过杆、落地的动作。根据该原理，运动员助跑、插竿、起跳与绕杆旋转必须要保持正确的助跑姿势、头部位置、视线、作用力方向。

2. *助跑必须是有节奏的连续助跑*。正如在任何竞技运动中一样，完成完整技术的前提是良好的开始动作。撑竿跳高助跑必须是可控的、持续的周期动作，以使运动员形成爆发性起跳。在助跑过程中能量的积累是获得好成绩的关键。运动员必须有良好的起始动作（许多教练员认为最初几步能阻碍运动员后面的正确动作），但不是把所有能量都花费在最初的助跑上面。有节奏的持续加速会使运动员增加自信，集中精力于撑竿和起跳。

3. *竿子的运动必须从最初的插竿到垂直立竿*。竿子的运动是撑竿跳高技术动作的基础。当竿子运动正确，就可以使运动员安全和成功地完成跳跃动作。竿子运动的关键环节是速度（通常称为竿子速度）。当合适的竿子速度和运动员的转体速度正确结合在一起时，就会大大增加成功的机会。

4. *竿子必须始终处于移动状态*。如果竿子是运动的，运动员就能够绕着竿子持续做动作；一旦竿子停止运动，运动员就会被迫松开竿子，并终止动作。理解竿子必须移动这一规律是非常重要的。如果运动员和教练员能充分将竿子的抓握高度和竿子的硬度结合起来，根据物理学原理和运动员的持续动作，可使竿子始终保持移动。

撑竿跳高项目技术动作通常分为四个或五个阶段，然而撑竿跳高动作实际上是一个连续的整体，明确这一点非常重要。撑竿跳高运动员很容易被比作体操运动员，特别是与体操运动员单杠上大幅摆动动作和吊环上手倒立动作相似，尽管不成风格，如果动作正确，撑竿跳高技术动作的系统性的确与体操运动有相似性。

不管撑竿跳高是否包含体操动作，它仍是最重要的跳跃项目。从撑竿跳高项目发展的历史可以理解撑竿跳高内在的基本特点，与软竿相比硬竿的概念更适用于撑竿跳高技术特点。不管运动员使用何种类型的竿子，他们都需要从起始插竿位置起跳到垂直位置推竿，并且运动员必须结合竿子运动速度以便于推竿。这个时机常被称为双钟摆效应。运动员是一只钟摆，沿着上面手的抓握点摆动，竿子是一只钟摆，绕着穴斗中的插竿点摆动。

当用硬竿做起跳时，运动员下面的手向上滑行至上面的手，双手向上推压，臀部向前摆动。现在运动员使用更有弹性的竿子，也做这个动作，只不过不是下面的手向上滑，而是在插竿和起跳的过程中双手用力向上推压。

教练员和运动员需要了解直竿和弹性竿之间的历史联系，如果使用弹性竿而改变了基本技术会很难获得好的运动成绩，并有可能出现危险。

要理解运动员和撑竿的一致性，可以联想到用于音乐节奏的音乐节拍器。节拍器的滑块代表运动员，上下滑动以使钢针摆动，钢针代表撑竿。当滑块向上移动时，钢针左右摆动变慢；相反，当滑块向下移动时，钢针左右摆动加速。这显示了运动员抓握高度和竿子摆动的关联性。运动员抓握高度越高，竖竿的速度就越慢。

如果运动员使用的是高弹性竿子，应该避免翻卷身体动作，否则运动员的身体重量在竿子上面，会延缓竿子竖直的速度。当运动员用硬竿起跳的时候，运动员会本能地认识到这种动作是错误的，中枢神经系统发出信号，不要再跳了。如果运动员身体拉直，会使悬挂于竿子上的身体重心放低，增加了移向垂直面的运动速度。如果在今天出现这种情况，高弹性竿子会允许运动员犯下如此基本的技术错误，他们仍然能够过杆。

助跑和持竿

与高效率助跑和持竿动作相关的词汇是平衡、节奏、速度以及连贯。大多数优秀运动员采用非常积极的、放松的技术动作，身体略向前倾，膝关节高抬。正确的身体姿势和平衡是高效率助跑的关键。髋关节直立，脚正好落在髋关节下方，每一步形成强有力的蹬地动作。步子过大和摆动腿过低会导致下拉动作，并因此降低助跑速度，造成起跳位置不正确，久而久之会造成大腿后群肌肉损伤。许多运动员利用短距离和长距离助跑来改变练习强度。短距离助跑经常采用3~5计数步（30~60英尺或者9~18米），长距离助跑采用5~9计数步（60~130英尺或者18~40米），助跑距离取决于运动员的助跑模式。

运动员持竿助跑时，竿子应该靠近身体，保持竿子和身体的平衡，全身放松，集中精力逐步增加速度直到起跳。肘关节接近身体，腕关节在肘关节下方。开始助跑时，竿子通常与助跑道成接近90°角，在前几步后下降至60°~70°。运动员在插竿时竿子是45°角（图6.1）。两手应该放松，前面的手掌心朝上，后面的手掌心朝下，运动员双手的距离大约等同于肩宽。

▶图6.1　在助跑和插竿过程中撑竿的位置

运动员双手握在竿上的距离是不确定的，一般原则是抓握太宽会使持竿容易，但却很难完成起跳后竿上的转体动作。然而，抓握距离过小也会产生相反的作用。在不影响持竿和插竿的情况下抓握距离应该尽可能小。

在助跑中，竿子应该逐渐下降。运动员利用其下降作为自然加速手段（但必须明确不能离身体中线太远）。运动员采取三个计数步助跑时应把竿子放至水平。降竿过早会造成助跑速度下降，过晚则会面临不利的起跳角度，阻碍运动员起跳。

在所有跳跃项目的助跑中，运动员利用自然调整系统来控制，这种控制允许运动员为准确到达起跳点而做出小的调整（有时是大的调整）。尽管控制是助跑不可缺少的一部分，但它会引起运动员降低速度和行进间的节奏，因此，教练员和运动员应尽量消除其影响。提高助跑速度最常用的方法是使用助跑标志。教练员和运动员可利用助跑标志系统来保证运动员助跑节奏的连贯性，在助跑和插竿时不做太大的调整。这些标志不但能提高加速的连贯性，也能增强运动员的信心。

许多教练员使用3个助跑标志，第一个标志是运动员的起跑标志，运动员起跑时使用，放在助跑开始的位置。第二个标志是教练员标志，教练员利用它来评估第一阶段助跑的效果。第三个标志是起跳点，教练员或者竞赛官员利用它来判断助跑的第二阶段状况。教练员和运动员应该经常使用这些标志，但是应该记住它们主要是教练员的辅助工具，运动员不应该过分关注它。

教练员另一个常用的手段是在助跑中计算助跑的步数。这种方法有很多变量，选择哪一种是由个人决定的。一些教练员只计算起跳脚的步数（脚离开地面时），而另一些教练员计算每只脚的步数。一些教练员正着数，而另一些教练员倒着数。许多教练员喜欢使用一些明确的短语（例如，1—2—3—插竿—上步—起跳）。大部分年轻运动员开始学习撑竿跳高时用短距离助跑（3~5计数步），随着个人能力的增长，逐渐增加助跑距离。教练员的技巧之一是选择教练员和运动员都适用的最优方法。

助跑练习

≫ 持竿助跑 ≪

目的
使运动员建立正确的行进间节奏和步幅模式。
步骤
在助跑道上，教练员或运动员测量3~9步助跑所需的距离，利用步点使运动员能准确踏上起跳点然后按照技术要求降竿。这个练习一般进行8~10次。

小栏架练习

目的

通过行进间的节奏和步幅练习，使运动员保持姿势和脚步排列成直线。

步骤

运动员以走、跑和持竿跑等方式通过 6 英寸高（15.2 厘米）的小栏架。栏架间距应该根据运动员和季节需要进行变换。开始时运动员应该走过栏架，栏架间距离为 18 英寸（46 厘米），强调身体姿势和正确的脚步动作。教练员应该加强运动员行进间节奏，直至运动员跑过栏架，然后逐渐增加栏架的距离直到运动员熟练地掌握助跑节奏。在走或跑的练习中可以增加持竿练习，栏架距离要切合运动员的实际步长，身体姿势和步子必须保持连贯。

插竿和起跳

插竿和起跳是撑竿跳高的核心。在所有的跳跃项目中，都要求助跑的水平速度转换成腾空的垂直速度。撑竿跳高增加了复杂性，要求借助竿子（插竿）的能量传递完成运动员的腾空。

运动员的目标是使竿子贴近身体中线，并且尽可能地提高竿子顶端的高度，手臂轻微向前向上推压使竿子底部下降。许多运动员推压竿子时离身体太远，强制撑竿竿头进入穴斗，这种推压和过低的动作产生力量的方向不正确（过低），经常导致撑竿过度弯曲，运动员处于非常不适状态（记住这条原则，运动员的每个动作都必须超过和越过横杆）。

运动员的双手尽量握持竿子的顶端，起跳时身体重心高度尽可能地高，以减少竿子的竖直距离，在这瞬间，运动员的身体呈非常稳固的直立姿势。运动员两手握竿距离与其身体素质水平和技术水平相当，仅在小范围增加（3~6英寸或7.6~15.2厘米）。

今天弹性撑竿（玻璃纤维）是撑竿跳高项目完成技术动作的有利工具。弯曲度越高，撑竿的半径越短，与没有弹性的竿子相比，运动员握竿的高度更高。如果能够正确应用这些特性，撑竿就能贮存和转化一些弹性势能给运动员。

当插竿时，运动员必须建立正确的起跳动作。其他运动项目中与该动作最具相关性的动作是篮球项目的跑动中投篮。跑动中投篮时，运动员倒数第二步有个自然的停顿。这不是篮球运动员或者撑竿跳高运动员想要去做这个动作，而是这一步应该是一个自然的预跳动作——平跳。运动员尽全力伸展躯体，手臂用力向上摆动，眼睛向上看，头部上顶，保持身体平衡。在所有的技术动作中，躯干是跟随着头部动作的。起跳时，头部位置和视线正确，运动员就能够直立（使重心有节奏地升高，使竿子速度加快），就能获得好的身体姿势和空间意识，这使运动员做好准备以进入下一个积极的蹬伸—摆动阶段。运动员常犯的错误之一是低头，视线会跟随竿头看着插斗。

插竿时，双手在肩上应尽可能高地推压撑竿，腕关节在手的下方，掌心向上。这时常犯的错误是掌心翻转，腕关节向里。尽管这种动作会使撑竿较易弯曲，但它会使竿子偏离垂直面，常常导致运动员的髋关节靠近竿子（另外，将重量压向竿子顶端，速度变慢），阻碍身体继续向前上方移动。起跳腿应该完全蹬伸，脚趾张开，摆动腿膝关节用力前摆，完成积极有力的踏跳。下面三个动作同时发生：竿子的向上推压，起跳脚的积极蹬伸，膝关节的前摆。运动员必须清楚这是一个完整的动作，而不是三个独立的部分。

　　运动员连贯地到达起跳位置也是非常重要的，这在撑竿抓握高度部分中会有论述。尽管在起跳脚位置与握竿手位置之间的关系方面存在很多争议（起跳脚在上面握竿手正下方略靠前或略靠后），关键因素是这个阶段运动员的身体姿势和能量贮存（大部分优秀运动员倾向于起跳脚略微在上面手的后面）。如果撑竿与地面角度较大，起跳时身体直立，起跳脚与上面握竿手的位置在前或后一两英寸都不是关键问题。

插竿练习

>> 走步式插竿练习 <<

目的
强调插竿过程中正确的手和脚的动作。

步骤
运动员做正常的持竿动作,将竿子置于眼平面以下,然后缓缓向前走,逐渐加快行进间速度,直至全速助跑,把竿插在插斗内或相似的物体中,强调身体姿势、正确的手的握竿位置以及降竿时机。

>> 推竿练习 <<

目的

发展运动员作用于撑竿的正确用力方向。

步骤

该练习通过 3~5 步插竿完成。当手准备插竿时,两手继续向前移动,跟着起跳方向将竿推出。如果动作是正确的,撑竿竿头作用于地面,顶端向前转动按照运动员用力的方向下落。开始练习时,运动员应该降低难度,将握竿高度降低(低于正常握竿高度 1 米),当运动员训练水平提高时,可以提升握持高度。对那些不是上推撑竿而是用下方的手向下拉竿的运动员来说这是一个很好的练习。撑竿的推离时机是非常关键的。

起动与摆动阶段

如果运动员起跳动作正确,撑竿和运动员应该在垂直面和水平面上同时移动,运动员的身体姿势仍然要保持直立,与体操运动员的大回环摆动动作一样。手臂尽可能地向上推压,整个身体充分伸展,躯干挺直。当起跳腿持续伸展时,胸部向前向上伸展。如果运动员蹬伸动作正确,教练员应该站在运动员后面,观察脚蹬离助跑道的动作。

撑竿运动员和体操运动员的主要区别是摆动腿的动作,膝关节积极地向前和向上运动是助跑转化为动能的关键之一,能量储存在弯曲的竿子上。运动员以肩部领先向前移动,起跳脚推动躯干,产生爆发性伸展,像一个杠杆,使较低的肢体向前上方加速。在这一点上,许多运动员会犯严重错误,认为他们的工作已经完成,他们压弯了撑竿就可以越过横杆。事实上,运动员应该做的工作是尽可能地靠近撑竿。

在起动和摆动阶段,运动员和撑竿处于一种戏剧性的关系。运动员必须持续给撑竿压力,以促使其向前运动(撑竿跳高的核心技术环节),但是难以阻止髋关节绕撑竿转动。当运动员进行这部分的动作时,他必须克服把竿拉向身体的倾向。如果你观察人们抓住绳索摆动过河的过程,你会看到人们让自己的身体尽可能地靠近绳索。这种做法,你在年轻运动员身上也会看到。许多人对"拉"这个词的反应是把手拉向胸部的向内的动作。使用弹性竿做这种练习,或类似的体操动作会使竿子在起跳过程中产生的能量消失殆尽。运动员必须不断地施加足够的支撑力来维持身体和撑竿的距离。这种力不是施加给撑竿的阻力,而是双手在头上的推压动作。这个动作证实了一个非常重要的原理,那就是运动员不应该等待,而应该持续努力,围绕撑竿转动以获取成功。如果运动员保持正确的头部位置和视线,将会发现这个动作很容易。

当运动员达到两手之间的位置（图 6.2），教练员必须留心竿子的位置和髋关节的自由摆动。运动员不能试图把髋部降至肩关节下方，他应试着尽可能提高髋部，然后转动肩关节。如果运动员处于正确的位置，其髋关节、手和竿子的位置关系，相当于体操运动员在高单杠上一样。这个位置也说明起动和摆动阶段的结束。

▶图 6.2 摆动阶段

对运动员来讲，这是见证真理的时刻。他必须保持清醒的意识，有足够的勇气使髋关节继续上升，翻转位于双肩下的躯干。为完成这个动作，运动员要缩短自己和竿子的距离，使自己和撑竿接近于垂直。只有优秀运动员能不断地达到这个位置。教练员要努力追求这个位置，然而要保持足够的耐心，不要对没有经验的运动员进行这种训练。当运动员有足够的自信和时机成熟时，这个位置才容易达到。许多有体操经验的女运动员比较容易达到这个位置，有些男运动员却达不到，这需要较好地把握时机和良好的上肢力量。

摆动练习

≫ 绳子练习 ≪

目的

在没有任何推拉动作的情况下，使运动员绕肩摆动，同时在垂直面和水平面上移动。

步骤

运动员靠近悬垂的绳子站立，绳子长 15~20 英尺（4.6~6 米），双手以持竿方式抓握绳子，运动员把髋关节摆动至绳索上两手之间的位置。双手应分开 18 英寸（46 厘米），教练员应该帮助运动员通过最初的几次练习。运动员的上摆是领先的膝关节摆动而不是上臂向下拉，是后腿摆动使髋关节上升。当运动员训练水平提高时，可增加速度三步助跑抓住绳索进行摆动。

≫ 高台撑竿跳高 ≪

目的

在高台上使运动员进行爆发性起跳进入摆动，模仿理想的助跑结束动作，它也有助于在竿上保持头部位置和正确的手臂运动。

步骤

在该练习中，运动员持竿站在一个较高的平台上，紧靠着插斗。运动员以正常的插竿姿势在体前持竿，然后在平台上向前迈步，在体前推竿，起跳后落向垫子，臀部着地，坐在垫子上。当运动员获得自信，能沿撑竿摆动，背部着地时，平台的高度和握持高度应增加。大多数优秀运动员使用与体重相对应的撑竿，如果平台高 5 英尺（1.5 米），撑竿高度大约为 15 英尺（4.6 米）。第一次练习时，教练员要确保撑竿向垫子方向移动。教练员应该提醒运动员逐渐增加练习强度，但这个练习易使运动员兴奋。

转体、展体和推竿

像许多田径运动一样，最后技术的完成是先前动作的结果。这种现象在撑竿跳高项目的最后阶段尤其突出。一般来讲，年轻的教练员和运动员往往花费大量时间来掌握该阶段的技术。事实上他们需要集中精力在助跑和起跳上。多次世界纪录保持者布勃卡强调好的助跑和起跳的重要性。布勃卡在起跳中具有突出的爆发力，起动充分，摆动阶段明显，他基本没有进行完整的转体、展体和推竿，可事实上他完成了杆上所有的动作（相对于他的抓握高度和竿子硬度），可以使他的动作继续做下去。在此后的许多年中当他的抓握高度和竿子的硬度增加时，他完全能胜任后面的跳跃动作。

像前面陈述的那样，许多运动员被迫在转体、展体和推竿中做大量的练习，这是他们不正确的插竿和起跳造成的。转体、展体和推竿应该是一种无需任何努力的顺势动作，运动员和撑竿像两个钟摆，它们之间协调摆动的时机要正确。

在这个阶段中，许多词如"牵拉"，指的是引体、转体、展体和推竿。在一般情况下有经验的运动员通过摆动牵拉撑竿加速髋关节向上移动，时机成熟时，做到这一点是唯一有效的途径。吉米·波米勒是2004年奥运冠军吉姆·马克的教练员，在谈到马克的爆发性动作时，称他仅仅是做好了其他环节的技术动作，以使竿子保持直立。如果引体动作太早，会降低竿子速度。如果引体太晚，将使运动员的臀部远离撑竿。

转体是简单动作，结合头部的轻微转动（转体方向上），起跳腿的脚超越摆动腿的脚（对右手持竿运动员来讲，左脚超过右脚）。年轻运动员常犯的一个错误是转体太晚，被迫使脚向横杆方向下沉来产生转体，而不是转体时沿着撑竿纵轴向垂直方向展体。大卫·尼尔森，奥运冠军斯塔西·德拉吉拉多年的教练，曾经说过助跑道上的全部动作都要有助于过杆，意思是需要建立转体的早期结构。

转体是撑竿跳高技术的一部分，良好的头部位置和视线结合可以产生积极的结果。如果运动员的头和躯干保持在一条直线上（不是过分后仰或埋在胸前），髋关节和腿就有机会高过躯干，然后运动员只能看到竿顶上脚的位置，根据这些信息进行转体和蹬伸（图6.3）。不幸的是许多运动员只是想着过杆。在运动员的所有动作中身体是随头转动的。当运动员急于过杆时，腿倾向于下降，运动员从撑竿上悬空，失去垂直动力，很可能踢掉横杆。

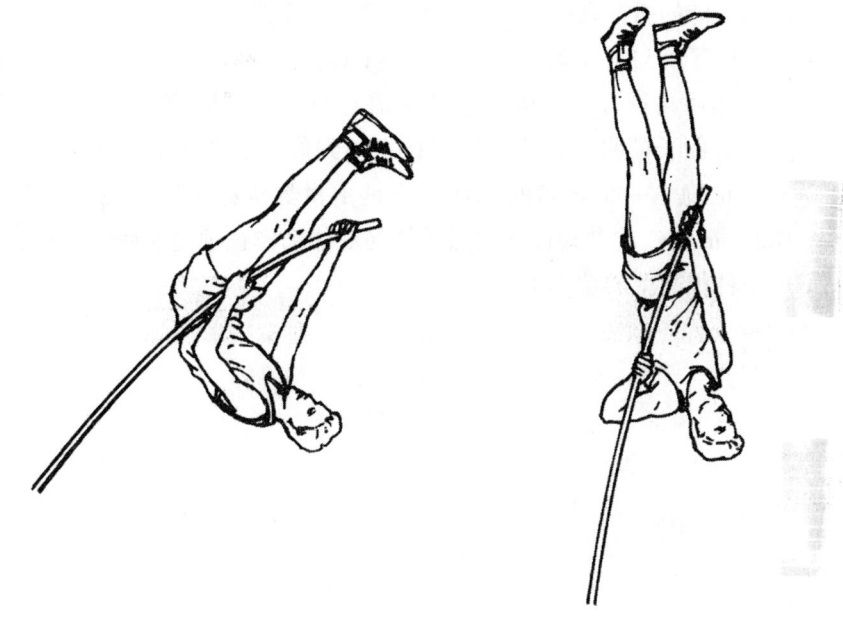

▶图6.3 利用脚作为参考进行转体和展体

　　像前面提及的撑竿跳高基本技术一样，运动员的所有动作必须围绕向上起跳越过横杆，常见的问题是运动员不能遵守这一原则。运动员在助跑道上步幅过大，使髋关节降低，造成不正确的起跳位置，插穴起跳时形成较低的力量方向（偏离正确方向）。如果使用弹性竿子，这些错误会产生撑竿过低和过大弯曲的问题。为了克服这些不足，运动员常做下列两件事，一是用力下拉撑竿，二是立即弯曲腿靠近前胸，这使得运动员的重心靠近竿顶（音乐节拍器的概念），延缓了竿子运动，加重了竿子负荷，造成作用力方向不正确。事实上运动员的所有动作已经远离了横杆。

　　教练员和运动员不应该只关心竿子的弯曲情况（过度弯曲）。一个没有经验的教练员或许建议运动员更换硬度更大的竿子，运动员已经做出了无数个错误的判断，会自然地认为他必须在硬度更大的撑竿练习上付出更多的努力，使他进一步加大了已经存在的错误动作。教练员和运动员都被禁锢在一个错误的循环中，教练员必须集中精力改正运动员的助跑起跳动作和爆发力方向。可以采用短距离助跑、低的抓握高度和硬度稍大的竿子等手段。

　　推竿和过杆是转体和引体动作的延续，运动员首先推开下面的手，然后再推开上面的手，使手靠近身体，同时收腹，越过横杆。有许多例子证明，转体和展体技术不到位，会造成推竿和过杆动作的不正确。一个著名的过杆方法是由世界级撑竿跳高运动员 Scott Huffman 创造的卷式过杆，当转体与展体动作正确完成后，过杆就变成一种很简单的动作了。

转体、展体和推竿练习

>>> 滑动插竿练习 <<<

目的

为了鼓励运动员应用正确的支撑力和插竿动作方向,有节奏地正确起跳。该练习在讲述起动概念时经常采用,在起跳时继续向前向上推压撑竿。

步骤

运动员在正常的起跳位置把撑竿放入插斗内,向后倒退2~3步,抓握高度为站立高度再加上6~8个拳头的高度。运动员向插

斗方向行进并开始完成插竿。在这个过程中，肩和躯干的稳定是很重要的，髋关节和摆动腿用力向前。当插竿向前滑动时，运动员的手应该保持较高的位置。滑动插斗能购买或者自行建造，因为滑动插斗可随运动员的训练场合不同而移动，它比固定插斗更实用。对年轻运动员来讲，可以使用更易移动的稍轻一些的插斗，当他们增强信心和获得一定的经验后，再给他们增加插斗的重量。

衔接练习

目的

强调运动员和竿子的相互作用，该练习可以使运动员建立正确的竿子移动方向和速度，获得适宜的时机进行最后的插竿。

步骤

这是一个典型的竖竿练习，也是弹性竿必须要进行的训练。运动员开始时抓握高度比较低，通常在站立抓握高度上再加上5拳高度，开始时2~3步的助跑。在插竿时竿子在眼平面以下，强调起跳的开始阶段双手的位置要高，爆发性用力，上下握竿。一旦运动员感觉竿子移动到合适的位置，能保证安全落地时，后蹬腿就开始强有力地摆动。如果运动员利用上面的手臂转动身体，那么不久就能使髋部和撑竿建立有效的联系（髋部被摆动到手和髋部一起触碰到撑竿的位置），进而完成动作。

当运动员技术水平提高后，继续提高抓握高度，但是不要超过3步助跑。只要运动员建立了这种联系，可以继续提高其抓握高度。运动水平高的运动员总是试图在竿子接近垂直时完成这种联系。缺乏训练的运动员是做不到这一点的。

当运动员获得这种联系时，可以增加难度开始练习转体。一些教练员喜欢让运动员完成四分之一转体，侧面落在垫子上。而另一些教练员让运动员完成全部转体腹部着地。如果教练员鼓励运动员完成全部转体，运动员应该注意身体前面落在垫子上时不要过分伸展背部。该练习的好处是可以训练运动员的初步转体动作，强调转体与摆动动作是不可分割的整体。

■第二部分　各项目技术、战术和训练计划

安全因素考虑

为保证运动员的安全，教练员和运动员都要理解项目的用力顺序和正确的练习流程。在理解撑竿速度、选择竿子类型来控制水平速度的基础上，撑竿跳高项目的安全问题取决于竿子的选择。

撑竿的选择

在过去15年中，撑竿项目的安全问题曾引起广泛关注，特别在美国中学。随着20世纪90年代许多灾难性事件的发生，美国高中联合会颁布了一些引发争论的新规则，两个非常重要的限定包括运动员的握持高度和运动员的撑竿磅级必须达到或超过身体重量。这些规则马上使撑竿的弹性降低，取而代之的是坚硬竿子的训练理念回萌。尽管对这些规则有很多异议，其结果是在此后的若干年灾难性事件明显减少。

当时出现的事故中，美国中学用的竿子大多是14英尺（4.3米）长，供体重140磅（63公斤）的运动员使用。随着规则的实施，大多数流行的撑竿变成13英尺（4米）长、160磅（72公斤）的磅级。结果是160磅（72公斤）的运动员使用比他们体重小20磅（9公斤）的竿子，握持高度比之前提高了12英寸（30厘米）。（论述有些简单，但它秉持的是安全理念）

所有的撑竿用长度、测试重量以及称之为弯曲系数等指标来分类，弯曲系数是相对于长度而言撑竿的弯曲程度，这个数值可以用相应的重量来评定。如果应用正确的方法，竿子能适合每一名运动员。选择竿子应考虑的其他因素主要是运动员强有力的助跑能力和能量的转换。如果运动员助跑效率很高，能产生足够高的速度，可以使用磅级差达到10~20磅（4.5~9公斤）或更多的竿子。

关于新规则带来的消极影响，出现了很多争议（特别是更轻的女孩和更重的男孩）。然而安全系数的提高是毋庸置疑的。有经验的教练员根据运动员的体重和技术水平在安全界限内很自然会选择低于体重级别的撑竿，同时他们也意识到降低助跑速度，降低撑竿抓握点，控制其他因素从而控制竿子的速度。

在20世纪90年代引起灾难性事故的主要原因来自于竿子速度。大多数受伤的运动员竿子速度过快，落在海绵包后面的边缘，身体滚动落在坚硬的地面上，撞击到头部。结果美国高中联合会增加了海绵包的面积，建议海绵包周围坚硬地面覆盖垫子。1976年奥运会铜牌获得者Jan Johnson带头改变了海绵包尺寸。

虽然由于规则的改变提高了安全性，然而教练员和运动员必须强调控制竿子速度可以增加安全系数。像前面提到的，撑竿是围绕固定点（插在穴斗中的竿头）按照施加于竿子上的力进行旋转的杠杆，不管竿子硬度大小都不能改变物理规律。教练员应该熟悉这些规律，并且经常在训练中有意识地应用助跑长度、抓握高度、竿的硬度和起跳动力学。运动员也必须学会感知竿子速度，如果速度太快或太慢，就要毫不犹豫地放弃跳跃。

中学运动员很少中途停止试跳，他们总是试着过杆而不管身体的空间位置。教练员和家长经常要求他们一定要完成试跳，这就像要求长跑运动员带伤穿越一个障碍一样。理解这两个项目的区别是很重要的，长跑运动员带伤跑成绩可能差一些，然而一个撑竿跳高运动员忽视不正确的竿子速度和错误的空间位置，可能会引起骨折、脑震荡和其他严重的运动损伤。世界级运动员一般会中途放弃试跳，他们清楚地知道不正确的空间位置会带来灾难性的后果。教练员必须会判断那些危险信号，如技术错误、天气变化（风向、气温、雨天）、运动员身心因素（肥胖、个性特点和家庭因素），从而对运动员做出必要的调整，减少助跑距离或降低握竿高度。

竿子速度直接关系到运动员的握竿高度（定义为竿头到运动员手部的位置）、速度和起跳效率。正确的竿子速度一般很难达到，有时太快、有时太慢，这种竿子速度都是效率低下而有潜在危险的。

美国高中联合会规则中规定的最佳落地范围是用来评价撑竿运动和运动员绕竿运动的最好工具。规则中论述，如果运动员落在最佳落地范围的后方，说明他跑动速度太快，相反，如果落在前方，表示他在水平方向上跑动太慢。首先要明确助跑和起跳技术是否连贯，如果运动员依然落在最佳落地范围外面，再调整握竿高度和竿子硬度，可以利用下列原则进行调整。

1. *改变握竿高度*。握竿高度应该在 2 到 4 英尺（5~10 厘米）范围内变动，抓握高度的提升将使竿子速度减慢（再强调一下，音乐节拍器原理）。同样，抓握高度降低会使竿子速度加快。这种调整应该使运动员的躯干落在最佳落地区域。

2. *改变撑竿硬度*。一根更有弹性的竿子常常可以移动得更快，相反，硬度更大的竿子移动会慢。如果教练员观察到竿子过度弯曲应该考虑助跑与起跳是否适宜，然后换一根更硬的竿子（通常是增加 5 磅或 2.2 公斤），会得到类似提高抓握高度一样的效果（水平移动变慢）。

3. *改变撑竿长度*。如果抓握高度和撑竿硬度的改变没有取得好的结果，运动员需要更换其他长度的撑竿，美国高中联合会对运动员抓握高度做出规定，运动员的抓握高度取决于撑竿。所以当运动员用现有撑竿而不能提高其抓握高度时，他应该更换更长一点的撑竿。这对运动员是一个挑战，因为更长的竿子会有不同的特性，教练员和运动员应该注意的是当更换不同长度的竿子时应该做出相应的调整。运动员常常不能根据竿长和体重进行调整。当这种情况发生时，教练员必须采取合理的调整措施。

有时没有明确的指导原则来规定运动员正确的竿子长度和抓握高度，选择撑竿更像艺术，需要多年经验的积累。教练员根据细致的观察提出建议，同时运动员必须能够感知不正确的竿子速度所产生的感觉，如果必要的话他可以终止跳跃。很多时候运动员和教练员都没有意识到不正确竿子速度发出的危险信号而只是想过杆。在过去 15 年间几乎每次严重的伤害事故都是由于没有认识到错误的竿子速度造成的，大部分受伤的运动员都是速度太快（抓握高度太低或者竿子太软）。当然也有一些伤害事故来自于抓握太高、竿子过硬或者运动员不能正确落垫。

架距

美国中学和高校撑竿跳高规则中的关键内容是架距。架距指的是横杆的位置与零线的距离或插斗后沿的距离。旧规则允许中学运动员横杆在零线（或插斗后沿）和零线后（向垫子方向）24英寸（61厘米）之间的任何位置，而高校运动员为32英寸（81厘米）。这些规则使得运动员不把撑竿推至垂直就能完成动作。如果运动员越过了横杆，而落地位置紧靠着插斗，情况将变得非常危险。旧规则也限制了中学运动员获得好的成绩，因为他们在摆动阶段就要过杆。新规则不允许架距小于40厘米（15.5英寸），也不允许超过80厘米（31.5英寸），高校撑竿跳高规定在45~80厘米之间（17.6~31.4英寸）。现在的规则不仅鼓励运动员在推竿前竿子移动到垂直距离，而且使运动员能有机会完成长而有力的摆动阶段来获得优秀成绩。

教练员经常利用架距来弥补年轻运动员的技术不足。在很多比赛中，在规则许可的情况下，技术越差的运动员越要尽可能向前移动架距，而优秀运动员则越往后移动架距。这需要长时间的训练以使运动员获得好的技术向后移动架距。当架距达到最大时，就会迫使运动员学习水平方向起跳、垂直方向竖竿、起跳有力。年轻的运动员应该有耐心，降低抓握高度，学会移动撑竿。

今天，设备制造商在撑竿设计和质量上做了很多改进，设计了各种长度和磅级的撑竿。利用现代技术制造的撑竿，撑竿跳高运动员能获得持久的让人信服的成绩。落地垫子面积的增大和良好的弹性使运动员能安全地落地。教练员和运动员都要有责任保证撑竿跳高项目的安全性。

撑竿跳高项目词汇和教练员术语

一些专门领域发明了特殊的词汇,撑竿跳高也不例外,有专门的项目词汇,还有一些有用的创新性教练术语。

击打

运动员具有爆发性反应,有双重钟摆效应,能向上释放出大量能量。

够

运动员在最后几步步长过大,试图踩上起跳点,这会使重心降低和起跳动作低而慢。

让上面的手用力

运动员正确的压力点是通过上面的手施加给撑竿,许多没有经验的运动员试图通过下面的手施加压力,这使运动员需要长的力臂去移动。运动员在跳跃中过早地感觉到压力。为了鼓励运动员教练员常常说"让你上面的手更快一些"。

下面手臂思考者

下面手臂思考者是指与上面的手施加压力相反的动作。一些运动员下面手臂倾向于抓握距离过大,利用下面的手臂刻意地使竿子弯曲。他们不能通过上面的手臂产生压力和旋转。一些教练员常常忽略这一点,这种技术会给运动员带来危害并且很难克服。

做好起跳动作

这一概念是指运动员想要保持好的身体姿势,积极压竿,肩部尽可能地抬高。它也传递了一个信息,运动员要有获胜的强烈愿望。

追竿

当运动员正确起跳后建立了人和竿的空间位置,撑竿应该快速远离人体,弹向垂直方向(好事)。运动员必须立即抓牢竿子,身体跟着竿子走,经过起动和摆动阶段,获得双重钟摆效应。

零点摆动

起动和摆动阶段的摆动部分要在起跳腿离开地面时开始。如果运动员延迟这个动作,将很难协调竿子立竿的时机。

> **是锤子而不是钉子**
> 它指的是运动员插竿这个阶段对竿子保持压力。许多没有经验的运动员使撑竿向躯干移动，使起跳的能量转移到肢体而不是撑竿上。
>
> **看自己的手**
> 帮助运动员保持正确的头部位置和视线。如果在插竿过程和整个跳跃过程中能看到自己的手，将有稳固的参考点以完成动作。
>
> **远跳**
> 在预定起跳点后面起跳（朝向跑道）。
>
> **近跳**
> 在预定起跳点前面起跳（朝向垫子）。

竞赛战术

比赛时，撑竿跳高项目可以采用很多战术。教练员必须根据运动员的技术水平、身体素质和心理素质来合理制定竞赛战术。针对不同的运动员和比赛情况，制定比赛战术有一定的顺序。在每次比赛时，教练员必须做好以下基本工作来制定战术：

- 运动员的训练计划是长期的还是短期的？
- 运动员的副项是什么？
- 运动员的助跑距离是长还是短？
- 在比赛中，运动员的开始试跳高度是多少？
- 在比赛中有没有战术？如免跳、更换撑竿或改变握持高度。

中学运动员

一般中学运动员有个短期的 3~4 个月的赛季计划，参加 2~3 次比赛，训练水平持续变化。对中学运动员实施比赛战术是很困难的，然而下列指导建议会派上用场。

- 开始试跳高度应比运动员赛季最好成绩低 18 英寸(45.7 厘米)。

- 运动员参加一个以上的项目比赛时，比赛时间在后的撑竿跳高项目应采用短距离助跑，较低的握竿高度或较柔韧的竿子。疲劳是需要面对的问题，而且运动员有紧张情绪，可能导致错误的决定和起跳状态不佳（特别是运动员刚跑完300米栏或400米跑）。在赛季的早期阶段，运动员采用短距离助跑或低的握竿高度，可以使其专注于撑竿技术。
- 一般来说，中学运动员不使用免跳规则。然而对于技术水平较高的运动员，如果参加多项比赛，免跳无疑是获得更多恢复时间的好办法。一个有团体积分的运动会，优秀运动员在适宜的高度免跳，能够保证团体分数，也能挑战个人高度。允许中学运动员在特定高度免跳（不像公开赛和高校比赛规则，运动员可以在任何高度的三次试跳中免跳）。了解这一点非常重要，在某一特定形势下可以向对手施加精神压力。

高校运动员

高校运动员面临的环境不同于中学，一般来说，运动员有年度的训练计划，有室内、室外赛季，有长期的赛季训练计划。

- 在早期训练阶段，运动员的助跑距离较短（5步），而后期训练阶段则采用较长距离助跑（8~9步）。
- 随着赛季的进行，运动员不但要增加助跑距离，而且还要增加握竿高度和竿子的硬度。
- 高校撑竿跳高运动员一般在比赛中只比单项，因此多项比赛不是讨论的话题，那些参加多项比赛的运动员可参照中学运动员战术步骤来制定比赛战术。
- 比赛开始时运动员的起跳高度一般低于赛季最好成绩12英寸（30.5厘米），可以根据运动员的情况调整起始高度。女子运动员一般在低于赛季最好成绩24英寸（61厘米）时起跳。教练员可以鼓励运动员多次试跳（10次以上），也可以在第5~8次试跳时越过其期望的高度（基于运动员在比赛中可能完成的最大努力的理论）。举例说明，一名高校女运动员想获得尽可能多的机会，她在低于最好成绩

24英寸（61厘米）的高度开始试跳，此时横杆每次提升6英寸（15厘米）直至赛季最好成绩高度，然后每次提升4英寸（10厘米）。这名运动员的起跳高度是10英尺（3米），她第二次试跳越过。然后她都是第一次越过10英尺6英寸（3.2米）、11英尺（3.4米）和11英尺6英寸（3.5米）。当横杆提升到12英尺（3.7米）时，运动员在第二次试跳时通过，横杆现在提升到12英尺4英寸（3.8米），运动员在第二次试跳中通过。在12英尺8英寸（3.9米）时三次试跳失败，运动员共跳了12次，符合教练员为其制定10次以上的比赛战术。

在高水平的高校运动员和公开赛中免跳是经常出现的。在这一水平上，实施免跳技术更加强调获得所追求的名次，而不是个人成绩，这在赛季的早期阶段或低水平的竞赛中也可出现。免跳有两种目的：保存运动员的实力和使比赛顺利进行。当运动员在某个高度上第一次试跳过杆后，却没能赢得比赛，是因为他前面高度上的试跳计数程序在对方运动员之后，在这种情况下免跳战术就起作用了。例如运动员A在17英尺（5.2米）第一次试跳通过，运动员B第二次试跳通过，只有他们两人进行比赛，当横杆升至17英尺6英寸（5.3米）时运动员A第一次试跳通过，如果运动员B跳过这个高度却不能获得任何利益，他选择免跳至17英尺10英寸（5.4米），运动员A在5.4米免跳，又把压力施加给运动员B。运动员B三次试跳失败，比赛结束。

不管运动员水平高低，其获得的一个重要技能是比赛前或比赛中立即计算时间。如今的一个不良趋势是运动员都依靠教练员提醒，没有教练员不断的告知，许多运动员甚至不能完成最基本的准备活动。在比赛中，他们也不能独立作决定。大多数成功的运动员和教练员都能在比赛前管理好比赛时间，运动员有责任把握本项目的时间进程。运动员应该学会与技术官员沟通，了解诸如比赛开始时间、准备活动时间、比赛顺序和横杆提升计划。

撑竿跳高比赛中的许多变化会带来成功，从全局考虑比赛如何进行会有巨大的差别。运动员要了解休息时机、活动时机（之前3~4个运动员试跳时开始做准备活动），有意识地避开风向，运动员有责任去完成所有这些内容。在比赛中教练员要观察运动员助跑方式、握竿高度和撑竿选择的情况，然而运动员必须学会有责任对比赛中不断变化的情况保持清醒。

训练建议

每一名撑竿跳高运动员的情况都是独一无二的，要求有独特的训练计划。在美国，中学运动员有短期的训练计划，他们有机会参加大量的比赛。短的赛季计划与两三个赛季计划是有区别的，教练员必须选择适合运动员情况的最佳计划。在里诺撑竿跳高顶级会议上，著名教练员 Vitaly Petrov 在面对中学和高校教练员听众时强调不能成为"训练手段的收集者"，而应该挑战自己，不断学习和进步，成为全面的教练员。第八章和第九章可以指导教练员制订独特的训练计划，这种训练计划可以适应不同的运动员。除此之外，以下内容也应该作为所有撑竿跳高训练计划的一部分。

速度训练

像前文陈述的那样，撑竿跳高项目的成功来自于助跑速度。另外，运动员在持竿跑的过程中不应该大幅降低助跑速度（每个人在一定程度上都会减慢速度）。因此，速度训练应该包括不持竿助跑和持竿助跑两部分。

即使撑竿跳高助跑距离小于 50 米，保持一定的速度耐力和绝对速度是必要的，这取决于运动员的身体发育情况和努力程度。如果在赛季早期运动员发展速度耐力，合理的运动总量为 1200 米（例如 200 米×6 或 150 米×8）。如果运动员发展绝对速度（95%以上强度），运动总量为 200 米（40 米×5），持竿助跑次数在一次训练中限定在不多于 10 次，距离一般为全程助跑。

在绝对速度训练过程中，正确的身体姿势、节奏和行进间速度是关键环节。运动员应该首先建立正确的技术动作，然后注意训练方式和运动量。教练员应该了解形成正确的助跑技术要花费大量的时间去训练，而不是仅仅体现在训练计划中。因此，运动员应该在热身活动中并且利用一切机会进行助跑练习。

力量训练

过去 10 年中，撑竿跳高训练中强调核心力量、平衡和灵敏素质。传统举重练习如卧推曾经广泛应用于训练计划中，现在已经不能用来发展撑竿跳高运动所需要的力量类型。事实上，当一名身高 5 英尺 3 英寸（1.6 米）、体重 100 磅（45.2 公斤）的女运动员能跳过 16 英尺（4.9 米）时，力量训练的威力可见一斑。撑竿跳高运动员就像体操运动员一样，需要一个好的力量/体重的比例，可以通过引体向上和臂屈伸等方法来进行提高。

这并不是说力量训练在撑竿跳高项目中不重要，事实上，它非常重要。像高翻和不同类型深蹲的举重练习都是撑竿跳高训练计划中的内容。年轻的运动员应该强调发展全面的力量和柔韧性。现在流行的实心球和腹部循环运动可以作为练习手段。

随着运动员的发育，在力量训练中就必须增加传统力量练习，可以用高过头顶的单杠（在一些学校和城市公园中可以见到）进行大量练习，还可以利用实心球以及教练员根据实际情况设计的创造性练习。一条悬挂着的绳子是撑竿跳高训练计划中不可缺少的一部分，它可以使运动员在同一时间内进行水平和垂直飞行练习，可以作为一种力量训练手段。在绳子上摆动，做各种姿势的爬绳和专项撑竿动作练习都是有益的。悬垂的绳子需要 20 英尺（6 米）长，周围和下方有自由摇摆的空间。

撑竿跳高训练计划

	10-11月（一般准备阶段）	
周一	准备活动慢跑、柔韧练习，300~600米节奏跑（总距离1200米，组间5~8分钟间歇），力量练习（举重）	一般准备阶段周一训练计划示例： • 准备活动：800米慢跑、静力或动力柔韧、4×60米加速跑 • 短跑练习（最好在草地上赤足进行）：A型跳，B型跳，C型跳，各类跳跃，高抬腿、翻转动作 • 技术训练：走动中插竿练习（强调弯竿时机、压竿和推竿） • 与同伴进行实心球练习 • 力量练习：举重和深蹲，卧推 • 放松部分：慢跑或草地上跳跃
周二	准备活动慢跑、柔韧、短跑练习（最好赤足，强调姿势）、走动中插竿和推竿练习，实心球练习（强调旋转和爆发力）	
周三	准备活动慢跑、柔韧、速度耐力练习（150~200米重复跑，总距离1200米，3~5分钟间歇），力量练习（健身训练日）	
周四	一般力量、柔韧、克服体重循环练习（总距离2英里或3.2公里）	
周五	准备活动慢跑、柔韧、上坡跑100米，3~5分钟间歇，力量练习（举重）	
周六	放松节奏跑至少3英里（4.8公里）	
周日	休息	
	12-1月，4-5月（专项准备阶段——室内赛季、室外赛季）	
周一	准备活动慢跑、静力或动力柔韧、中距离跳跃、速度耐力（100~150米，总距离1000米，3~5分钟间歇）、举重练习（健身训练）	专项准备阶段周三训练计划示例： • 准备活动：800米慢跑、10分钟拉伸练习、4×60米加速跑 • 技术训练：短距离助跑跳跃，强调倒数第2步技术和插竿动作（最多8步助跑） • 速度训练：6×50米，95%强度（5分钟间歇） • 举重练习：挺举和下蹲，卧推 • 放松部分：慢跑或在草地上跳跃
周二	准备活动，静力或动力柔韧，模仿练习和撑竿练习（调整日）	
周三	准备活动慢跑、静力或动力柔韧、短距离跳跃、速度练习（50~70米，总距离300米，5分钟间歇）、举重练习（爆发力）	
周四	准备活动慢跑，静力或动力柔韧，体操练习（没有体操教练员不能进行）——重点是肩关节摆动练习和蹦床练习	
周五	准备活动慢跑、静力或动力柔韧、长距离跳跃、持竿助跑、力量练习（爆发力）	

(续表)

周六	积极性恢复手段	
周日	休息	
2-3月，6-7月（比赛阶段——室内赛季、室外赛季）		
周一	准备活动慢跑，静力或动力柔韧、全程助跑，力量练习（爆发力）	比赛阶段周三训练计划示例：
周二	准备活动慢跑，静力或动力柔韧、一般力量练习，放松练习、动作技术分析	●准备活动：800米慢跑，动力或静力柔韧、4×60米加速跑
周三	准备活动慢跑，静力或动力柔韧、持竿练习，短距离助跑起跳，速度训练（95%强度，20~40米，练习总距离150米，充分休息），力量练习（爆发力）	●技术训练：走动中插竿，单臂插竿，6步中倒数第2步动作
周四	准备活动慢跑，静力或动力柔韧、体操训练（没有体操教练员不能进行）、一般力量练习	●跳跃：最多8~10步助跑 ●速度训练：95%强度5×30米，充分休息
周五	准备活动慢跑，静力或动力柔韧、赛前准备（旅行，小运动量的准备活动）	●力量练习：举重和下蹲，推举练习
周六	比赛	●放松：慢跑或在草地上跳跃
周日	休息	

第三部分

塑造头脑、身体和设计训练计划

■第三部分 塑造头脑、身体和设计训练计划

 第七章

第七章　心理训练

凯斯·汉斯切恩　博士（Dr.Keith Henschen）

很多田径教练员花费大量时间教授跳跃和撑竿跳高项目的生物力学、技术和策略，但很少有人付出适当的努力来解决比赛的难题——心理训练。这并不意味着贬低田径教练员，而是强调心理训练和身体训练同等重要。对运动员进行心理训练的最终结果是让他们掌握关键的、与项目有关的心理技能。心理技能有很多方面，诸如放松和激励，集中注意力，想象和适当的自我对话，拥有规律化的心理准备活动，学会不理会压力，对成功和失败做出适当反应等等，这些技能对保持高水平的成绩是很重要的。

心理训练的重要性

当问到一名运动员成绩百分比的多少属于心理因素，大部分跳跃或撑竿跳高教练员和运动员会说怎么着也要百分之五十到九十。我们坚决不同意这种说法。事实上，跳跃和撑竿项目甚至所有的体育运动项目成绩的百分之九十五是身体因素，百分之五才是心理因素。没有什么可以替代身体能力或技能，这就是为什么身体训练是决定性的，需要花费大量的时间不断地去练习以完善技能，但这仅是取得良好成绩的基础。艰苦的身体练习以后，头脑训练就要开始了。

在有压力的情形下，头脑实际上是控制或者监督身体的，身体是受心理支配的。如果头脑相信不能跳过一定的距离或越过某高度的横杆，那么实际上就做不到。很多运动员花费了数千小时苦练身

体,但在比赛时仍然出现了问题。他们被称为"训练型"的运动员,他们在训练时很放松,但是,一旦面临比赛尤其是大赛却崩溃。运动成绩大部分是身体状况和准备充分的结果,但也是由百分之五(头脑)掌控的。强大的心理状态不一定就能克服弱小的生理状况,但它能加强那些已经建立牢固基础的运动员的生理状态(Vernacchia 2003)。

一个重要的问题是,"一名运动员如何成为优秀的跳跃或撑竿跳高运动员",只有两种方式可以达成这种可能性:切掉脑袋,或者头脑足够强大以至运动员可以战胜自己。

不用头脑进行缜密思考的运动员是很出色的,一般人刚开始认为这种观点似乎是简单、滑稽甚至愚蠢的,然而它却是准确的。在比赛中,运动员的头脑应该成为一个自动飞行器,无须思考或分析所发生的事情。优秀运动员相信他们自己已经训练好,并且从根本上控制自己的注意力摆脱比赛成绩的诱惑。因为头脑已被训练好去注意策略而不是技术,在比赛中考虑较少的运动员比考虑复杂的运动员会有更好的成绩。不用多思考,他们可以对比赛中出现的情形作出自然反应。考虑太多可能引起情绪的变化,情绪变化对取得好成绩是不利的,一旦情绪出现变化,比赛能力则会下降。

想象一下,如果一名跳跃或撑竿跳高选手没能越过某个高度或者犯规,他老是考虑这不成功的一跳,那随之而来的自然是挫败。运动员必须克服这种不良情绪以回归到有效的比赛情境中。消极的和积极的情绪均会使运动员过分关注之前的试跳(特别是技术),这将干扰以后的试跳。愤怒、失望、得意、焦虑、高兴、骄傲和恐惧是需要在比赛中被排除掉的不良情绪。在比赛结束后出现这些情绪是可以的,但不应是在比赛中。

很多运动员经历过这样的情形:当处于较轻的患病状态时反而取得了好成绩,这是因为他们集中注意力于身体感觉而不是考虑实际的跳跃或撑竿跳高的技术好坏。他们仅仅想完成比赛,尽量不受身体状况的干扰,他们的头脑即是处于自动飞行状态。

获得不被自身所干扰的良好心理状态比切掉脑袋要更容易,但这需要更长的时间。不被自身所干扰需要进行心理技能训练,学会适当的心理技能有助于运动员在比赛中从过度思虑的状态转换到自动应答状态。成为最好并且始终如一的运动员最终掌握比赛的心理技能，拥有了既平静又积极的心理状态（不是过分思虑）。

提高成绩的心理技能

由于相互影响、相互促进，以下的多项心理技能是以等级顺序呈现的，这种顺序对提高成绩是非常有效的。一旦运动员学会如何运用放松、激活、专注、想象和自我对话（按照顺序），他们就已经做好了规律化心理准备活动。另外，为提高运动成绩，这些心理技能有助于他们有效地应对压力、成功和失败（Henschen 2005）。

放松和激活

放松、激活或者紧张是相对的，它们不能同时发生在某个人的身上。当运动员掌握了放松技能后，他就能够控制身体上每一个肌群的活化数量（Benson 1975），这要求他感知不同水平的激活程度，这并不容易并且也很难加以练习。首先，对运动员来说这些激活水平是很难认识的，但练习越多，就越容易认识和控制；最终，运动员学会了不同情形下取得最佳成绩的适度的激活水平，学会紧张但不紧绷。当这些情况出现时，运动员即可达到他所希望的理想竞技状态（Gould and Udry 1994）。

对竞技运动来说，放松训练不是新鲜事，实际上，这种技能有相当长的历史，并且很多人都知道，现在也很容易得到一些放松技术。这是好现象，因为每一名运动员都是独特的，他可以从众多的技术里选取某一种利于自己的技术并从中获益。运动员应了解所有的方法，从这些方法中选取最适合自己的那种。

放松是专注的前提，因为焦虑增加，则专注能力降低，唤醒增加，则专注能力狭窄。放松和专注对有效的动作表象是必需的，动作表象对有效的自我对话是必需的。放松、专注、动作表象和自我对话四种心理技能是规律化心理准备活动的整体组成成分。以下是一些放松技能的例子。

呼吸意识

在传统上,呼吸意识被用来降低较高的焦虑和紧张水平,因为这些因素对比赛成绩起着消极作用。呼吸意识经常用于降低赛前恐惧和比赛紧张,也可以提供关键作用:它有助于训练大脑传导身体感觉,有助于头脑和身体信息的相互传达。

呼吸意识对学习放松是好的开端。以下是一些简单的指导:

1. 仰卧,腿伸直并稍分开,两臂放在身体两侧,掌心向上,闭上眼睛。

2. 专心于呼吸。不要试图让呼吸加快或减慢,只是被动地感知它。将一只手放在感觉最舒适的地方,如腹部,而不是胸部。采用腹式(膈膜)呼吸比胸式呼吸更易放松。

3. 随着每一次的呼气,开始专注于将紧张程度降低。如果这有作用,可以在每次呼气时对自己说"呼气"或放松。随着每次的呼气你将会发现自己开始越来越放松。

4. 审视身体的紧张程度并控制它。先从足部开始，被动地感到足部紧张，随着每次呼气紧张感逐渐降低直到足部放松。每次呼气时可以对自己默念"放松"。接着，将注意力转移到每个大肌肉群，重复以下的部位：小腿、大腿（前群）、大腿（后群）、臀部、腹部、胸部、前臂和手、上臂、颈部和面部。

5. 再次审视身体，如果感到仍有某部位处于不舒适的紧张状态，将此部位再进行放松。通过被动的感知和呼气将全身每一处部位的紧张水平降低，以至达到舒适的感觉。经过如此的想象，把身体各部位的紧张让呼气给带走了。

6. 这时身体感到舒适了。现在可以尝试练习降低或增加激活水平，例如要睡觉时、等待上课时、睡醒后需要不同的激活水平，在这些活动时间里，通过提高和降低激活水平来不断练习呼吸意识，练习越多就越容易和更有效地控制紧张水平。

可以尝试站着、坐着等不同的身体姿势。不论身在何处，逐渐地提高睁眼时降低高焦虑或进行唤醒以及短时间内控制激活水平的能力。总共练习两个星期，每天 2~5 次，可以在每天的任何时间练习。一旦掌握呼吸意识，那么学习其他放松的方法将会更容易。

渐进放松

渐进放松被认为是肌肉—头脑技术。渐进放松的目的（Jacobsen 1930）是对比相对立的放松和紧张两个方面，通过先紧张然后马上放松肌群来完成。通过感知紧张水平，运动员可以学会改变紧张水平以适应任务所需要的激活水平。以下是渐进放松的练习。虽然这些技术很容易学会，但运动员要记住这些指令，在自己练习时独立使用，如此可使运动员更顺利地进入放松状态。

1. 仰卧，身体处于舒适的位置，两臂放于身体两侧，两腿伸直并稍分开。闭上眼睛，关注呼吸。当处于呼吸意识时，不用试图控制呼吸的速度，顺其自然。

2. 首先从足部开始，绷紧两只足部的所有肌肉用足跟向地板下方按压（只绷紧足部而不是腿部的其他部位），在不伤害自己的前提下尽力下压，数到 10 秒后放松 10~15 秒，注意绷紧和放松之间的区别。下一步，移到小腿，绷紧数 10 秒后放松，再注意绷紧和放松的不同。下一步，移到股四头肌，绷紧数 10 秒后放松。下一步，绷紧股后肌群和臀部肌群数 10 秒后放松。如此，同时绷紧和放松下肢的每一块肌肉。

3. 按上述方法依次做腹部和胸部肌群的绷紧和放松。下一步，握紧双手攥成拳头，绷紧双拳和前臂，然后放松。用同样的方法做上臂（肱二头肌和肱三头肌）。下一步，绷紧和放松颈部肌肉。然后转移到面部肌肉，绷紧直到面部出现"喝到苦啤酒"的感觉，然后放松。面部紧张是非常有意思的，因为面部肌肉聚集在一起像一块梅干。现在，身体上部肌肉都紧张了 10 秒和放松，放松时感觉每一块肌群的紧张在消除。

4. 最后的练习是同时绷紧全身（使你的身体像一块铁块）然后再同时放松全身的每一块肌肉。

5. 现在，以非常放松的姿势躺着，从头到脚审视全身肌群，是否还有肌群感到紧张或酸楚，如果还有则再将此肌群重复紧张和放松。

6. 最后，绷紧全身肌肉后立刻放松，将会感到非常舒适和放松。

渐进放松的时间根据情况可长可短。例如，可以在训练后做一个简短的练习。此项技术不要在即将比赛之前做，但在比赛之前的晚上做是最理想的。身体训练后，采用呼吸意识和渐进放松的练习是较为理想的，它们有助于运动员从疲劳状态中恢复。渐进放松至少要连续做两个星期，每天 2~3 次，在各种情况下需要不同的紧张水平。随着运动员对放松愈加有经验，他们可以多加注意提高和降低激活水平以控制比赛状态。

自生训练

自生训练是渐进放松训练的对立面，它被认为是头脑—肌肉放松技术。从根本上说，这种放松技术包括重复一系列程式，通过控制膈肌调节呼吸。自生训练可形象化描述如下：

舒适的温暖

舒适的沉重

心跳平静和规律

呼吸（重点在每一次深呼吸的感觉）

心窝舒适温暖

前额愉快凉爽

每一个程式每天练习二三次，共1个星期，下一星期再练下一个程式，依次类推。因为这是渐进性的挑战过程，因此要按照建议的顺序练习。全部自生练习方法要求六个星期完成。

例如，第一个程式（温暖的舒适），运动员要尝试升高全身各部位的温度：第一是右臂，然后左臂、两臂、右腿、左腿、两臂和两腿。运动员练习此项程式每天二三次。自生训练的目的是让身体听从大脑发出的指令（Krenz 1983）。每一个程式给予身体不同的感觉。运动员通过运用其他放松技术学会控制焦虑和唤醒水平以后，自生训练更容易掌握。

注意集中

当讨论比赛的心理准备时，运动员不可避免地谈到诸如专心、注意力和专注之类的词。所有的跳跃和撑竿跳高选手都知道没有适当的专注，比赛成绩是不稳定的、前后不一致的、难以达到最佳的。那么注意集中意味着什么？就像其他技能一样，注意集中是必须学会的一项技能，优秀运动员享有它，一般运动员渴望拥有它！

在体育比赛中，注意集中被定义为在某种情境里注意力专注于适当线索并根据这些线索控制反应以完成特定比赛的能力。注意集中也包括运动员摆脱不能控制因素的能力。在跳跃和撑竿跳高的比赛中，控制注意集中往往是被动消极的。努力有意识地去控制某种情形反而常常导致难以集中注意力。运动员必须在情况需要时加强注意集中，而适当情形下却降低注意集中程度（Henschen 1995）。

有几种注意集中的类型，或称为注意方式，比赛或情形类型不同则注意集中类型不同。例如，撑竿跳高选手需要的注意集中技能就和跳远或跳高选手的不同。换句话说，注意集中技能有很多，何时使用依赖于情况而定。根据比赛情况的需要，运动员要掌握以下五种注意方式：

1. *广阔的外部*。全部情形的感知。例如，一名三级跳远选手在上助跑道时要注意天气状况、步长、所做的标记以及踏跳板位置。

2. *广阔的内部*。感知同时发生在身体和头脑中的信息。例如，一名跳高选手感觉起跳的适当力量。

3. *狭窄的外部*。注意指向外部的目标或任务且范围很窄。例如，一名撑竿跳高选手专注于横杆。

4. *狭窄的内部*。注意指向内部的目标或任务且范围很窄。例如，一名跳高选手专注于倒数第二步的呼吸。

5. *转换*。从一种注意形式很快地转换到另一种。例如，一名三级跳远选手在试跳时改变注意的目标。

跳跃和撑竿跳高选手需要掌握每一种注意方式的类型，知道何时使用它们。以下练习有助于运动员掌握这些注意方式，每天进行这些练习两星期（每天 10 分钟）将帮助运动员处理分心问题，保持适当的注意方式。

意识 有助于广阔的外部注意方式。躺下，闭上眼睛，只是听周围所有的声音，不要只注意一种声音，数数能发现多少种声音（3 分钟）。

听你身体的声音 有助于广阔的内部注意方式。躺下，闭上眼睛，手指堵住耳朵眼，注意身体发出的所有声音——吱吱声、咕噜声、呼吸声、心跳声（2 分钟）。

选择问题 这是狭窄的外部注意方式的强化练习。有意想象一个困扰你的问题，默想有尽量多的方法来解决这个问题（内部头脑风暴）。当大脑有一个解决问题的方法后，就任其而去不再想它，转而等待下一个解决方法的出现。要以不加评判的心态进行这个练习（5 分钟）。

关注一个物体 这也是一个狭窄的外部注意方式的强化练习。拿一个可以很容易握住的小物体（戒指、硬币、耳环、曲别针），将注意力集中在这个物体上。如果意识开始涣散，再重新集中注意力。每次用不同的物体做这个练习（5 分钟）。

让思绪随意飘动　这个练习有助于发展狭窄的内部注意方式。身体保持一个舒适的休息状态,眼睛闭上,被动地将注意力集中于头脑所想的内容,不做评判,消极的让这些想法来到头脑,再让它们自然离开(3分钟)。

听你的心跳　这是狭窄的内部注意练习。闭上眼睛,身体处于非常舒适的姿势,听自己的心跳,努力使自己不听别的只是听心跳(3分钟)。

摈弃杂念　这是一个狭窄的内部注意练习。不想别的只想黑暗,控制好大脑使之不让它思想(1分钟)。

使头脑从一个想法快速转到另一个　这是一个三个星期的头脑转换练习。读一本没有图画的有趣的书,这本书要引起兴趣并且相当易读,第一周时,每晚读10分钟,然后给其他人准确的讲述所读的内容;第二周时,用10分钟的时间,在读书的同时听收音机,向他人讲述所读的和听的内容;第三周,还是花10分钟,同时读书、听收音机和看电视。这是一个有趣的练习,它使人将注意力从一个目标迅速转移到另一个目标。

注意集中技能可能是实际比赛中所有心理技能中最重要的技能。注意集中、焦虑、唤醒和自信错综复杂地交织在一起,互相影响。运动员必须使所有的注意集中技能有效以便日后可以自行运用它们,这仅仅需要数小时的练习即可。没有人可以给予运动员注意集中技能,他们必须自己获得它们。很重要的一点是注意集中技能和自我对话是高度相关的,消极的自我对话扰乱注意集中技能,但积极定位自我对话可重新获得注意集中技能。

表象

放松技能和注意集中技能加强了运动员的表象能力。"因为表象使关注点指向重要的可视线索和在此时所呈现的身体技能,它的功能就像语言一样起作用。"(Heil 1995, p.183)。

除非一名运动员生来就神经损伤不能进行表象外,正常人都可以产生表象。人类的动物性体现在神经系统的信息传递可以发生表象。表象是有意为之的（就像思考比赛的某一个方面一样），或者也可以不是有意为之的（就像睡着做梦或醒着做白日梦一样）。作为一种能力，通过运用全部感觉，表象可以在头脑中创建或再创建一种体验。通过练习表象是可训练的，持续的运用可以使表象能力更完美。表象是视觉、听觉、触觉、嗅觉和动觉等的多种感觉所形成的经验。

大部分人认为表象就是形象化，这可能因为形象是表象的一种类型，首先在孩童时期经历的。这种表象类型基于视觉，依靠在头脑中产生的画面形成。第二种表象类型通常在青春期后出现，称为动觉表象（感觉）。在体育比赛的情境中，动觉表象比形象化更占优势。大部分运动员拥有两种表象类型，但要能表现的更好（取得最优秀成绩）还是需要动觉表象（Heil 1995）。不管一名运动员掌握了何种类型的表象，都是有益于取得好成绩的有力武器。

很多跳跃和撑竿跳高选手运用各种方式的表象以加强比赛的能力。以下是十项有利于加强表象能力的方法（Heil 1995）。

1. 成功的画面。
2. 完美的技术。
3. 使自己熟悉情况。
4. 激励。
5. 准备实际比赛的条件。
6. 改变关注点。
7. 当训练时间较少时，或者在筋疲力尽和过度训练后要求较少身体训练时，或者在受伤期间，或者在康复阶段，可用表象练习（心理训练）替代身体训练。
8. 克服比赛焦虑、消极的自我对话或者各种压力。
9. 在暴露到真实的现实之前先在头脑中适应情形。
10. 在将要来临的比赛前创造积极和自信的感觉。

以下是一些确保表象有效的方法：

- 为自己选择最有效的表象练习计划。每个人都是独特的。
- 相信表象将提高比赛能力。
- 在没有压力的情况下开始表象练习计划，然后逐渐进入到更

第三部分　塑造头脑、身体和设计训练计划

有压力的境况中。

● 从容易、熟悉的视觉场景开始，然后逐步增加其他的感觉。

以下练习称为快乐屋，可以帮助运动员做好比赛准备。闭上眼睛，使自己处于非常舒适的位置，深呼吸几次，放松，在头脑中想象自己在台阶的最下一级（大约 15 级台阶），当向上看时，可以看见在台阶的顶部有一扇很大的门，现在踏着台阶向上走，当到达最上一级时，打开门，门开后，可以看见一间巨大的房间，里面什么也没有，它完全是空的。往后两分钟的事就是按照自己喜欢的方式装饰这间屋子，钱不是问题，可以在这个房间中放置任何东西和任何人，唯一的约束就是不论在房间里放什么东西，必须保证自己是快乐的。像这样的房间是世界上唯一的，它是你的，是你所拥有的快乐屋。

闭上眼睛，呆在自己的快乐屋中，走到一个舒适的椅子旁，躺在上面，面向墙，想象墙上有一面大屏幕电视，手拿着遥控器换台，看见自己在屏幕上进行完美的比赛，观赏自己的比赛多么漂亮，欣赏自己如此优秀，观看自己几分钟。然后关上电视机，起立走向大门，打开门后回头看一下房间，体验它给你带来的感觉。关上门，走下台阶，当走到最下级台阶时睁开眼睛。作为一名运动员，要每天晚上光顾自己的快乐屋，重新装饰它，记住钱不是问题，房间只属于你。你可以进入这个房间，关上电视机，在一个舒适的环境里一遍遍地练习（完美地）自己比赛的困难部分。

运动员可以从简单的表象开始练习，然后建立复杂的表象。刚开始时，他们关注生动的和可控制的图像，这些图像带有相对真实生活的经验。按照惯例，运动技能或比赛的系列动作要按照希望达到的标准被准确地想象。

表象是需要花费时间学习的一项技能，表象练习要经常进行但是要简短（8~10 分钟）。运动员要记住，表象不是身体练习的替代品，相反，它是补充。表象有效性的最好验证是一名运动员在实际的比赛中表现优异。它应该由心里技能转化为比赛技能。最终，表象将自动产生或者成为人的习惯，随着需要自然发生（Heil 1995）。

自我对话

在已经学习了平静和沉着（放松），适度专注（注意集中），在头脑中看见并感觉所期望的动作技能（表象）后，运动员要学习自我对话。没有练习放松、注意集中和表象技术，运动员易于产生消极的自我对话，因为头脑首先是消极的。

自我对话，无论积极的还是消极的，都影响我们的头脑、行为和身体状态。消极的自我对话减少了对自身的控制，因此就削弱了比赛能力。在提供给个体方面，人类社会经常是很消极的。一般来说，人们往往关注于运动员做错的事情而非做对的，甚至教练员也陷入此误区，因为他们是错误纠正专家。大部分被模仿的行为是消极的，因此我们很快地以相同的方式学会处理此类事情。结果，运动员学会的是批评自己而不是增强自身。Reardon 和 Gordin（1992）提出假设，大约70%比赛的反馈是消极的。

成功的跳跃和撑竿跳高选手学会控制自我对话，以便加强比赛的能力。积极的自我对话并不意味着很多不切实际的积极的自述，相反，它通常是影响自我控制的一种手段，可以抵消头脑中消极的趋势。积极的自我对话用思想规划头脑，帮助运动员更有效地管理比赛状态。它是有指导的问题解决办法和程序，而不是有指导的问题。以下是加强自我对话的一些办法。

专注于过程　我们的思想一般集中于所需要做的事情而不是如何做。运动员关注于比赛结果而不是比赛的技术方面。当运动员考虑比赛结果时，自我对话会产生焦虑，这是因为比赛的结果到比赛结束前是不确定的。比赛结果导向的自我对话也降低了应集中于这里和现在的比赛的能力。一名跳跃选手每次试跳前重复念叨节奏和流畅词语，表明他正在进行积极自我对话，专注于比赛过程而不是比赛结果。

专注于现在的时刻　很多选手易于考虑过去曾经失败的比赛或者以后的计划，担心未来的结果。现在时刻的自我对话是让运动员沉浸在即时的过程，相信自己，相信自己的能力。一名跳跃选手要告诉自己助跑更快些,而不是在最后一跳时告诉自己要去做的就只是集中注意力于现在的时刻。

沉着镇静 自我对话要关注自我控制,使自身达到唤醒的适度水平。运动员应考虑享受比赛本身而不是被内部或外部的事情所分心。这是比较困难的,因为焦虑能减弱注意力的集中。另外,越注意焦虑越会增加焦虑,因为这个原因,运动员必须要专注于镇静和沉着,必须相信思考什么事情,什么事情就要发生。如果运动员考虑放松,并掌握放松的技能,那么身体将按照头脑中所想的自然产生反应。我们就是我们所想的那样。当我们考虑焦虑时,我们就焦虑;当我们考虑沉着时,我们就沉着。一名运动员告诉自己在每一次试跳时他是自信的,能自我控制的,那么他就能保持沉着镇静。

努力使自己更聪明,不过分苛求 很多运动员强迫自己认为能创造好成绩,这是纯粹的意志所建立的错误概念,并反映在自我对话中。他们试着更加严格要求自己,他们的自我对话仅是一种自我的修辞,不是真实诚恳的。自我对话虽然定位于思想的非努力状态,然而在提高运动成绩方面却是有效的。一位东方的古老哲学家说过,"你必须在失去自己时发现自己",这意味着放下包袱,才能更好前进。自我对话使运动员自由地进行比赛,可以付出较少的努力,产生更大的能量。

在训练中而不是比赛中运用不同的自我对话 大部分运动员认识不同的自我对话有困难,即训练中对促进技能有帮助的自我对话和在比赛中有帮助的自我对话。训练的目的是促进、探索、确定需要额外注意的地方以便提高运动能力。训练的自我对话通常涉及问题、内省和考虑可能变化的方面。比赛中的自我对话是完全不同的事情。在比赛中,自我对话需要的是增加能力、鼓励、最低限度和积极的因素,以及必须包含肯定、自信和欣赏的元素。比赛的自我对话应反应信心、果断和达成期望成绩的行动(Reardon and Gordin 1992)。例如,训练的自我对话是专注于去感觉跳跃的正确性,比赛的自我对话则是不断重复强有力的词语(如,强和高,强和高)。

以下是发展适当自我对话的练习。第一个练习展示自我对话如何决定身体力量的分配。第二个练习说明拥有积极自我对话的头脑如何让身体在没有思虑干扰下完成动作。

积极的自我对话和消极的自我对话　　两个人面对面站立，第 1 个人闭上眼睛，张开双臂伸向身体两侧（像一个十字架）。第 2 个人站在第 1 个人前面，抓住第 1 个人的手腕。第 2 个人指示第 1 个人想一些难过和沮丧的事情。当第 1 个人头脑中有这些想法时，点头示意，然后第 2 个人向下拉第 1 个人的胳膊，而第 1 个人试着保持胳膊不被拉下来。当胳膊被拉下后，两人交换位置，重复此练习（再次想难过和沮丧的事情）。

两人都完成这个沮丧想法的练习之后，再做积极的、快乐的和充满活力的练习。通常，当有积极的想法时，人们会变得更有力量（同伴不容易被拉下胳膊）。这个练习说明思想的内容影响身体的力量水平，进而影响整个比赛进程。

触发或暗示的词语　　为了获取好成绩，运动员有时自己蒙蔽自己，换句话说，就是不让大脑考虑比赛，而是关注其他的事情——一个触发词语。本质上，一个触发词语是当身体在比赛时头脑中不断重复的积极肯定的词语。通过保持专注于触发词语，大脑不能分析比赛情况，也不能影响比赛（因为大脑只能在同一时间思考一件事情，触发词语已经塞满了大脑）。以下是说明这条原则的例子。

美国田径队在 2000 年奥运会之前正在澳大利亚北部的训练营中训练，在这个训练营期间（大约赛前 3 个星期），田径队中的两名 400 米选手向一名心理咨询师咨询，他们抱怨在最后的 100 米时对痛苦难受想得太多，结果在比赛的最后阶段受到太大的影响。当然，他们的成绩也变得较差而不是更好。运动心理咨询师告诉他们两人在第二天一起去找他，并让他们复述两个有激励性的单词，这两个单词对他们来说是积极的和强有力的。第二天两名运动员训练 400 米时，在最后 100 米不断地重复默念这两个单词，这样使他们的头脑不再关注于疼痛。在接下来的几个星期中，有两次 400 米模拟比赛的机会，每次两名运动员都提高了他们的成绩。奥运会时，一名运动员创造了个人最好成绩，获得了银牌，两人都获得了 4×400 米接力金牌。

像任何技能一样，自我对话必须进行练习。积极的自我对话就成为综合的和自动的习惯。

规律化心理准备活动

学习心理技能的最终目标是提高比赛能力。希望在比赛中展现优秀技能的运动员可能处于非良好的竞技状态，未能表现出他们的专业技能。因为每名运动员都是独特的，准备比赛的方式因人而异。一贯的有条理的准备比赛方式包括心理和身体两方面。身体准备通常通过热身练习来完成，再加上一些技术练习以确保身体达到运动状态。精神或心理热身一般由一系列的心理活动组成，包括想象、放松、积极自我对话，最后是唤醒或激活。这些技能要以有助于运动员感到正常的和舒适的方式予以建立。规律化心理准备活动让运动员在每一次比赛中都运用同样的方式，一定程度上可以免除大赛的紧张和压力。

对每名运动员来说，规律化心理准备活动是个性化的。一个实用的衡量办法是准备活动要达到以前曾有过的良好比赛状态，要记住在那时曾做过什么。运动员经常记住他们在以前取得过优良成绩的比赛前完成的一系列程序。这些特别的程序包括规律化心理准备活动。

运动员要仔细，不要混淆了程序和惯例之间的区别。程序是一种有意识的方法，可以使运动员达到理想的心理状态，此理想状态可以在比赛时获得最佳发挥。惯例是无意识的活动，重复做以确保运动员有运气。如果程序成为惯例，运动员就发展了一种新的程序。(Lidor and Singer 2003)。

以下是一些规律化心理准备活动的指导：
- 所做的程序要相对短些（3~5分钟）。
- 程序要在比赛前做。
- 程序要包括2~3个和运动有关的事情（例如深呼吸）。
- 运动员要在做具体的程序时独自一人（身体的隔离是最理想的，因为可尽可能少分心，但在嘈杂的人群中心理的隔离是必要的）。
- 部分程序要和运动想象一起进行。
- 程序要随着一些激活技术结束。

让我们看看优秀的撑竿跳高选手何塞的规律化心理准备活动。每一次试跳之前的几分钟，何塞手拿撑竿走到起跳点旁边的地方，他全神贯注地告诉自己（在他的头脑中）他的助跑、持竿插穴、起跳和控制空中的身体位置显然能使自己越过横杆。当开始规律化心理程序时，他是放松的，但心理处于激活状态。然后他想象（可视地和运动地）插竿起跳，空中变化身体姿势，看见自己越过横杆，落在垫子上，向认可他成功试跳的欢呼的观众致谢。

对压力的反应

很多跳跃和撑竿跳高选手遇到大赛时不知如何处理压力。每一个比赛都有一个名称（例如，冠军赛，州比赛，世锦赛，奥运会），一些运动员在参加大赛时出现了问题。为什么这样？相当简单，他们对压力的反应出现了麻烦。掌握上述的心理技能将有助于运动员控制他们自己对压力的反应。本质上，运动员处理压力有三条途径——两条是没有用的，一条是有用的。我们将先讨论没有用的，再看看有用的。

分散注意 当感觉压力时，很多运动员不是接受通常已经习惯的信息，而是尝试接受更多的信息，结果导致注意力分散，引起分心。大脑接受了超过它能处理的信息将会产生混乱，发生错误，造成挫折，引发更多的错误。

自我理论 当感受到压力时，一些运动员变得更准确或精确，更专注于技术。通过关注于已经建立的技术作为自动的反应，改变了反应的节奏，结果反而慢下来。一个古老的术语完美地描述这种状况——通过分析而麻痹。

挑战 一个有用的处理压力的方法是要认为它是一个挑战，要面带微笑面对它。当运动员面临压力时，不要害怕或犹豫，应告诉自己在这种情况下进行比赛会是多么有趣。要告诉自己压力来自于自身，必须从内部解决。克服压力，运动员要有快乐的心情，努力想象减少生活中认为重要的日子。心理技能提供了一个好的控制环境的方法，运动员应相信自己的训练，相信自己能发挥最大的能力。拥有快乐不失为处理压力的良好矫正方法。

对成功和失败的反应

每一个伟大的运动员必须学会如何恰当地处理优异的成绩和失败的比赛。伟大的运动员在一件事情上与其他人不一样：他们不管结果只是前行。他们成功了不过分高兴，达不到一流的成绩时也不灰心沮丧。他们清楚知道比赛已经结束，没有重赛。他们只用短短时间（30分钟）分析比赛过程，从成功和错误中学到了经验，然后开始准备下一场比赛。名望仅是短时存在，不良情绪意味失败。

一场比赛后经常表现出三种情绪——陶醉、沮丧和攻击性。陶醉通常是一场成功比赛后的感受。如果持续不超过一天，陶醉是可以接受的情绪。如果陶醉感持续，它就会干扰运动员回归到正常的生活状态，并影响下一场比赛。当跳跃和撑竿跳高选手获得美国奥运会代表队的资格，他们受到媒体的格外关注，在家乡人尽皆知，名声远超他们曾经的想象。暂时的名声已经毁掉很多大有希望的奥运会奖牌获得者。运动员不是关注提高他们的技能和策略，而是陶醉在他们曾经获得的成绩中，不停地参加宴会，把最应该进行的训练抛之于脑后。这是危险的，它耽搁了训练，使运动员难以长期保持世界级水平。

沮丧和攻击性经常是在成绩不好时所体验的情绪。这两种情绪对未来比赛都是有毁坏作用的，因为它们很难克服。它们是很强大的情绪体验，需要时间来减轻缓解。教练员需要知道他们的运动员易于出现的情绪类型，和他们一起努力尽可能将注意力集中到训练和下一次比赛中去。

最后，成功和失败是竞技运动的一部分。教练员必须帮助运动员恰当地和有效地处理各类情绪。如果教练员在赛前可以控制运动员的情绪（例如，唤醒和焦虑），那么他们必须帮助运动员处理成功或失败后的情绪（例如，陶醉、沮丧，攻击性）。

第八章　竞技能力训练

威尔·弗里曼　博士（Dr.Will Freeman）

有充足的理由认为，天才的跳跃选手经常是队中最好的运动员之一。获得好成绩的因素包括超人的速度、巨大的力量和良好的协调性，所有这些因素要被训练到很高的水平才能确保成功。再加上耐力和灵活性，运动员有5项身体素质必须予以训练：速度、力量、耐力、柔韧和协调。

这一章叙述如何训练身体素质和如何测试运动员。测试提供了鉴别能力和测量训练程序是否成功的机制。这是很重要的，因为五项身体素质明显地相互影响，不能独立地进行训练。跳跃选手训练助跑能力也是训练速度。同样，任何速度训练也发展弹跳能力。对身体素质训练的正确理解是教练员制定出有效跳跃训练计划的强大工具。

热身和放松

运动员必须从生理上和心理上为训练和比赛做准备。两种准备形式可分别被称为热身和放松。虽然研究认为热身的价值是不确定的，但是相关证据却强烈建议身体机能要显著地处于安静水平以上，并且要减少受伤的风险。

热身运动要根据训练负荷的需要进行安排。一个高强度训练应该有充分的热身活动，而恢复性训练则包括较多的身体拉伸和简单的热身，也称为静止热身。放松也按照这样的要求。高强度训练后运动员要安静下来，应由渐进降低要求的跳跃和慢跑活动，逐渐过度到慢走结束。比赛或训练后，运用放松活动缓慢地使运动员回复到正常水平。完成放松活动，可使运动员逐渐降低运动状态，用静力拉伸的方式使身体回复到基本水平来结束比赛或训练过程。

静力练习

"4"形练习（见207页）。

静力蝴蝶（见207页）。

坐式体前屈（见208页）。

弓箭步拉伸（见208页）。

囚徒拉伸（见209页）。

单腿站立股四头肌拉伸（见209页）。

为承受更大负荷，以下动力练习应重复进行。它也是一般力量练习课后恢复训练课上所运用的良好方法。

动力练习

30米往返慢跑（2~3次）。

30米向后跑，然后向前跑回起点。

30米提踵走。

30米提踵跳。

30米提踵跳两臂向前风车转动，30米提踵跳两臂向后风车转动。

慢跑—慢跑—慢跑—快速踏跳（30米只用右脚，然后30米只用左脚）（见202页）。

慢跑—慢跑—慢跑—快速踏跳—快速踏跳（每只脚重复30米）（见202页）。

30米走胳膊向前转动，30米走胳膊向后转动。

30米慢跑。

30米带腿跳（见200页）。

30米慢跑。

30米克里欧卡舞向右摆腿走，30米克里欧卡舞向左摆腿走（脚前掌轻落地）（见200页）。

30米直腿跳（见201页）。

30米走。

30 米轻松加速跑。

30 米单手触地启动加速跑。

30 米站立启动加速跑。

放松练习要根据训练的类型安排。如果有神经系统参与较多的训练，例如高质量的跳跃练习，运动员要做渐进性的放松活动。运动员要从各种跳跃开始，然后慢跑，再慢走，逐渐回复到安静状态。

测　试

训练的第一步是评估运动员当时的状态。教练员经常依赖猜测、估计和其他有缺陷的方法来决定训练的起始。最理想的训练在于教练员必须了解运动员的训练年度、健康水平、力量和弱点以及技术特长。在这一过程中不能进行猜测。测试是获得更多有用信息的适当方法。定期的测试也是训练年度内监控训练效果的优良方式。

为了使测试结果可信和有效，测试必须有可控制的方案，不同的测试结果是可以比较的。每一次测试都必须要精确遵照测试方案。以下是控制测试的方法：

- 每次测试要在测试周的同一天，测试周也要在恢复期（每 4~6 周）的同一周。
- 用同样的条件和相同的设备进行测试（是否在室内或室外）。
- 用同样的顺序进行测试，测试之间用同等数量的恢复手段。

有两个理由说明以下测试是有用的：它们给教练员提供了运动员潜在能力的指示，给教练员（和运动员）提供了训练是否有效的可靠的测量。

- *立定跳远（协调和力量）*。从下蹲姿势开始原地跳入沙坑。
- *立定三级跳远（协调和力量）*。在助跑道上以三级跳跳入沙坑。运动员由原地站立开始，先双脚起跳，然后用一只脚落地（单脚跳），再用另一只脚跳跃，最后落入沙坑。
- *站立启动 30 米跑（速度）*。运动员从原地站立开始启动加速跑，从脚离开地面开始秒表计时。

- *后抛铅球（爆发力）*。两脚站在抵趾板前，从头上向后抛铅球。男子用7公斤，女子用4公斤。
- *前抛铅球（爆发力）*。两脚站在抵趾板前，面对投掷方向，低手向前抛铅球。男子用7公斤，女子用4公斤。
- *原地纵跳（爆发力）*。运动员站在标有尺寸的墙壁旁边，尽量用手指摸到最高点，做上记号，然后向上跳起，再在最高点处做上记号。这两点之间的距离就是纵跳的高度。
- *150米和600米跑（速度，肌肉发达程度和有氧耐力）*。在跑道上最大努力完成150米和600米跑，测量两项的成绩。
- *引体向上（肌肉耐力）*。运动员悬挂在单杠上，屈臂引体向上，每次下巴接触到杠面为完成一个。

以上测试，除了150米跑、600米跑和引体向上只有一次机会外（引体向上做到力竭），其余都有两次机会，记录最好的成绩。所有的分数（查附件的表）加在一起，最后得分便出来了。运动员要在每一个训练周期（一个月）的测试中提高2%~3%的成绩。任何成绩不能提高的原因，教练员都要分析为什么运动员比预期进步的慢。

教练员注意要求运动员测试时要做最大努力，测试前、后要做适当的休息以便测得更好和充分恢复。测试项目之间要安排时间恢复体能。150米和600米测试之间运动员要休息20分钟。查233页附录的得分表格统计出运动员得分。600米、150米和30米是以时间记录的，其他的是以米为单位。

身体素质训练

五项身体素质是速度、力量、协调、耐力和柔韧。下面的部分涉及每一项身体素质，并提供了可以提高身体素质的练习方法。

训练青少年跳跃运动员必须讨论五项身体素质的平衡问题。因为这些素质是相互依赖的，不一起研究将会产生不平衡，难以获得优异成绩，造成潜在的受伤危险。运动员年龄越小，身体素质之间的平衡越要注意。当运动员发展到一个高级阶段，达到精英运动员水平，专门性的提高技能的身体素质训练才可以安排。达到了运动成绩的最高水平，运动员仍然要在训练年度的早期进行全部的身体素质训练，但在比赛期要转换到更多地强调技术训练的内容（协调）。图8.1说明训练的递进首先从综合发展阶段开始，向更专门化训练的阶段过渡。

▶图8.1　训练的递进首先从综合发展阶段开始，向专门化训练的阶段过渡。
再版，T. 博姆帕，《周期化运动训练》，2005。

速度和加速度

　　速度被定义为系统快速移动的能力。速度是跳跃的关键的必要因素，是弹跳力量的重要组成部分。跳跃的起跳角因跳跃种类的不同而不同，从三级跳（最低）到跳高（最高）形成了连续统一体。撑竿跳高和跳远的起跳角接近一致，它们位于统一体的中间。

　　起跳角和起跳速度密切相关。水平起跳速度越快，起跳角越低。选手的技术结构在不同的起跳速度影响下产生变化。过快的速度，身体系统要分配（给予）在起跳上，产生多米诺骨牌倒塌效应，身体向前旋转导致失败。速度是水平跳跃和撑竿跳高项目成功的关键，助跑速度和跳跃距离是成正比的。跳高则不同，起跳快速和慢速的跳高选手都能取得好成绩。速度型选手有非常快的起跳速度，而力量型选手有较长的作用于地面的起跳时间。

　　训练跳跃选手要考虑加速度和速度。加速度是使身体从零速度到向前的、节奏明快的、优美姿态的一种能力，虽然目标是获得最理想的、可控制的起跳速度，但是对跳跃选手来说加速能力实际上比速度更重要。因为从站立起跑开始，最高速度要在超过 50 米才能达到，跳跃选手助跑距离一般不超过 40~45 米，而且在起跳时速度并不是最快。当然，选手要努力达到最大速度，达到能控制速度以最利于完成技术和具体运动项目的速度。撑竿跳高、跳远和三级跳远要求有比跳高更高的速度，并且有更长距离的助跑。

正确的身体姿态（减少身体倾斜，增加步幅和步频，减少接触地面时间）有利于助跑时的加速。助跑的合理反映了每一步与地面接触时间的减少。因为运动员仅仅在接触地面时才可以产生位移速度的变化，助跑期间接触地面时间减少，运动员将使助跑中周期性运动的时间减少。要点是什么？运动员必须从助跑的第一步就正确把握。在运动员学会如何获得最高速度之前，必须首先知道如何达到高速度的机制。在开始教授和训练过程之前，加速度的学习要首先进行。

加速度

以下加速度练习要逐步增加难度。训练内容的选择要根据季节和运动员的身体状况安排（参见第九章关于训练周期化的内容）。练习有很多组，每组重复多次。"起跑器起跑"表示运动员要用起跑器开始起跑；"站立起跑"表示运动员要从原地站立姿势开始起跑，一只脚在另一只脚前面。运动员要在跑道上以至少 95% 的努力跑动，或可以在草坪上以低于 95% 的强度进行。运动员要注意训练的质量，全神贯注。

10~15×冲刺梯　冲刺梯可从参加径赛项目的同伴处得到。冲刺梯由绳子和木头组成，放在跑道上以使运动员增加步幅。冲刺梯是很好的工具，可以增加步子的幅度。要强调的是，可通过身体角度的变化和胳膊动作的变化来增加速度和步幅。组间间歇 2 分钟。

2~5×（5×20 米起跑器起跑）　练习之间休息 3 分钟；组间休息 6 分钟（例如，每练习 1 次后休息 3 分钟，每组练习后休息 6 分钟）。

2~4×（5×30 米起跑器起跑或站立起跑）　练习之间休息 3 分钟；组间休息 7 分钟。

3×（4×40 米起跑器起跑或站立起跑） 练习之间休息 3 分钟；组间休息 9 分钟。

2~3×（3×50 米起跑器起跑） 这个练习要求运动员全力跑，计时并记录成绩可以激发运动员的潜力。练习之间休息 4 分钟；组间休息 7 分钟。

速度

以下的练习是 30~50 米的高速度重复跑。运动员要在已经发展了稳定的加速能力后再进行这些练习。最后三个练习可用圆锥桶示意距离分段。以接近最大速度做这些练习，练习之间休息 3~8 分钟。练习质量要非常高，可通过计时推断运动员的努力程度。

2~4×（5×20 米途中跑）15 米加速跑 计时从运动员加速跑 15 米后刚经过锥形桶的瞬间开始，只计后 20 米的成绩。练习之间休息 3 分钟；组间休息 6 分钟。

2~5×（5×35 米途中跑） 练习之间休息 4 分钟；组间休息 8 分钟。

2~4×（3×15 米加速跑/10 米最大速度/15 米顺势跑/10 米最大速度/20 米顺势跑） 圆锥桶 1 放在开始加速跑的地方，第 2 个圆锥桶放在 15 米处，下一个在 10 米处，下一个 15 米处，再下一个 10 米处，最后一个 20 米处。运动员从第一个圆锥桶处开始加速，到达第 2 个圆锥桶后以最大速度冲刺 10 米，在第 3 和第 4 个桶之间顺势跑（不是慢跑，只是放松，不是全力），在第 4 个和第 5 个桶之间再达到最大速度，然后顺势跑后以慢跑结束。练习之间休息 4 分钟；组间休息 8 分钟。

2~3×（3×20 米加速跑/10 米最大速度/15 米顺势跑/10 米最大速度/15 米顺势跑/10 米最大速度） 练习之间休息 5 分钟；组间休息 10 分钟。

3×（3×40 米加速跑/20 米放松跑/30 米最大速度） 练习之间休息 8 分钟；组间休息 12 分钟。

速度耐力

这些练习包括 60~120 米的反复跑，练习之间休息 2~5 分钟，组间休息最多 10 分钟，休息时间的长短取决于运动员身体状态和所跑距离的长短。以 90%~95% 的最大努力完成。

1~2×（4×75 米）90%~95% 努力　练习之间休息 3 分钟；组间休息 6 分钟。全部跑动距离加起来达到 300~600 米。

2~3×（4×60 米）95% 努力　练习之间休息 2 分钟；组间休息 4 分钟。全部跑动距离加起来达到 720 米。

3~6×150 米 90% 努力　练习之间休息 5 分钟，全部跑动距离加起来达到 450~900 米。

2×（3×50 米加速跑/50 米顺势跑/50 米抬高大腿跑）　练习之间休息 5 分钟；组间休息 10 分钟。全部跑动距离加起来达到 900 米。

2~3×（3×100 米）95% 努力　练习之间休息 5 分钟；组间休息 10 分钟。全部跑动距离加起来达到 600~900 米。

力量

力量一般被定义为发挥力气的能力。跳跃项目要求运动员足够强壮以承受起跳时巨大的力量。助跑时快速的跑动速度也需要巨大的力量（身体姿势和弹跳）。因为力量是速度的前提条件，因此力量训练是发展速度的关键。力量发展计划要从一般到特殊，从简单到复杂。爆发力、稳定的力量和弹跳力都是重要的，必须以渐进的、实用的方法予以训练。

一般力量

一般力量涉及身体处理运动的能力和身体总力量的全面测量。对跳跃项目的实际要求来说，专项力量的测量要更专门化。核心常规练习手段和克服体重练习是一般力量训练常用方法。

这部分练习对克服弱点，巩固基础，提升选手的跳跃能力是非常有好处的。它们可用来在年度训练前期作为基本力量训练手段，也可以在调整期作为恢复练习手段。核心常规练习手段可以贯穿全年进行安排。这些练习用体重和重力作为阻力，负荷量的增加可通过增加重复次数或时间来调整。

≫ 弓箭步走 ≪

从站立姿势开始，运动员一只腿屈膝、勾脚尖（足背屈）、抬高大腿，然后向前伸腿，在身体前方大约 1 米处落地，落地时，躯干要垂直，两肩向后；落地腿屈膝成 90°，膝在踝的正上方；后面的腿接近伸展，任何时候膝不要接触地面。运动员伸膝立起身体，休息后腿，然后重复另一条腿。提示：在身体最低位时前腿呈 90°，膝在踝上方。两手可以放在头上，可以叉腰，或者配合腿部运动前后摆臂。每次练习运动员走 15~20 米。

俯卧撑

俯卧撑练习是一个有效的重要练习，要比单纯练习一只胳膊好（三角肌练习）。俯卧撑的撑起阶段，运动员的双臂要完全伸直，躯干和腿成一直线（身体不下垂）。当两臂屈曲时身体从头到脚保持一直线。此练习是两臂屈肘，鼻子靠近地面，然后伸直两臂。腰部下垂是经常出现的错误。俯卧撑的方式多样，可以两手距离与肩同宽，或者宽度小于肩，或者大于肩。运动员可以做此练习1分钟。

速滑

处于站立姿势，运动员向左侧跳出 60~90 厘米，只用左脚落地。右脚在左脚后面向左侧摆动，尽可能远地落地。双臂大幅度、有力地向右侧摆动以维持身体平衡。一旦右脚落地，运动员用力蹬地跳起，右腿向右侧跳出落地，左腿在右腿后向右摆动，尽可能远地落地。

>> 屈伸跳 <<

屈伸跳要原地做，关键是努力使躯干垂直。运动员用双脚跳起，努力使膝关节向胸部靠拢，保持上体直立，胸部不要向膝盖靠拢。每组练习最多不超过10次。

>> 螃蟹走 <<

保持螃蟹姿势（面向上，双手双脚支撑在地上），运动员按照要求向前、后、右、左移动。如果一组运动员同时做要确保有足够的空间。练习时间控制在 15~45 秒。

立卧撑跳

从站立姿势开始，运动员团身下蹲，双手放在地面上，两腿向后伸展，同时做出俯卧撑低位的动作，躯干不要下垂。将腿收回，恢复深蹲姿势，同时胳膊发力撑起身躯，用力向上跳起。

>> 鹰式练习 <<

鹰式练习对髋关节的灵活性有很大好处，可以鉴别两侧是否对称。运动员开始时躺在地上两臂伸展伸向两侧，两腿伸直并拢，两肩完全接触地面，两臂垂直于躯干，运动员抬起左腿与地面垂直，向右手方向下放，直到腿完全伸展并放到地面上。再做另一条腿。提示：要确保两肩和地面保持接触（手掌向地面下方压），努力使脚和手贴在地面上。这个练习可以俯卧做，使腿向上向对侧手的方向摆动。鹰式练习（前和后）对发展髋的灵活性和对称性很有作用。

>> 下蹲跳 <<

这是两腿垂直跳跃练习。运动员下蹲后,用力向上跳,用两臂的摆动和制动来获得动力以增加跳起高度。

>>> 仰卧起坐 <<<

运动员仰卧在地面上，两膝屈曲，脚底接触地面，两臂交叉放在胸前，收缩腹部肌肉，抬起头、颈，肩离开地面，然后还原到仰躺姿势，重复练习。任何形式仰卧起坐的关键是上体抬起和下落前骨盆要稳定。运动员要使背下部贴住地面后再做练习，这样可以使髋部的屈肌首先牵拉骨盆向前运动。此练习的关键是要使腹肌运动。利用身体进行腹肌练习特别有用（尤其快速跑时身体中轴的动作）。

哥萨克伸展

这个练习也称作俄罗斯舞蹈。运动员的手放在头后或胸前,深蹲,两腿轮流向前伸腿,另一条腿做支撑。运动员两只脚轮流跳跃,因此有短暂的腾空时间。

俄罗斯转体

做这个练习时身体处于站立位,两臂向体侧伸展。运动员从一侧向另一侧转动躯干,双手持一重物,两臂摆到一侧时注意制动。身体中轴的强大需要进行这个练习。重物的重量根据运动员的训练水平安排。

>> 游泳 <<

运动员面向下趴着,两腿伸展,两臂伸开并离开地面。这个动作是摆动的膝和肩离开地面,臂就像自由泳动作。运动员一只臂在肘关节处屈曲,使肘向臀部方向做上提运动,手接近肩,然后臂前伸下放,另一只臂再做上提运动。

>> 瑜伽师 <<

运动员双膝跪地,两手放在头后,同伴按压住运动员的双腿。运动员身体斜向前下运动,尽可能不要猛然下落,然后向后运动回到开始姿势,腹肌要控制住身体。运动员躯干要保持伸直姿势(背部伸直,两肩向后)。

核心力量和稳定

人类身体是一种独特的结构。骨骼系统为肌肉提供支撑、起止点和附着处。然而，如果肌肉和连结组织没有提供足够的支持和稳定，骨骼也会坍塌成一堆没用的骨头。仅仅是站立也需要这一系统很大的稳定性。想象一下，当快速跑和跳跃时所需要的稳定性。

骨盆是关键的稳定的连结。骨盆能一定程度上自由地向前、向后、从一边向另一边转动。快速跑时没有骨盆的稳定，髋部屈肌将牵拉骨盆向前，这样就限制膝的抬起，影响运动的幅度。实际上，这将使弹性力量最小化，而弹性力量在高速运动中是很重要的。

姿势也与稳定有关，直接承担运动效率。一般姿势和运动姿势必须在日常的训练中予以强调。关键点或核心要素在于训练就是做这些练习的主要方式。这部分内容的练习每天都要做，可以在训练的开始部分或结束部分做。负荷量可以通过增加练习的次数或时间来增加。

≫ 低姿自行车 ≪

运动员坐着，上体倾斜，两肘支撑在地面上。两腿做转动，就像在骑自行车。运动员伸开腿然后收腿，脚后跟靠近臀部。整个运动中脚离地大约3英寸（7.6厘米）。运动员刚开始时可以做30秒，以后适当延长时间。

>> V型坐 <<

也称作安静壳。运动员腰臀部坐着,两臂向上伸,手超过头,下颌收起,身体屈曲,双手和双脚在身体的前上部靠拢,直到支持不住后可以休息。重要的是要保持腹肌收缩。如果运动员不能使手和脚接触,可以尽可能靠拢。此练习可以在软垫上做。

>> 背弓 <<

运动员面向下趴着,两臂屈曲肘伸向两侧,手在脸部下方,手掌向下。当两腿上抬时,抬起手、肘和上身。高位和低位时的身体部位不要离开地面超过3英寸(7.6厘米)。当身体上位时,只有躯干支撑在地面上。

≫ 侧弓 ≪

运动员用右侧臀部撑地，右臂落地支撑上体。抬起两腿6英寸高（15.2厘米），然后慢慢下放，控制两腿直到右腿接近碰到地面。再重复左侧。

≫ 俄罗斯抬腿 ≪

运动员脸向上，手和脚撑地，脚趾向前，膝关节成90°，使臀部尽可能抬高。先向前伸直一条腿，再重复做另一条腿。关键是使躯干保持与地面平行（从肩部到臀部），不要使臀部下降。负荷量可通过增加重复次数或增加臀部支持时间来提高。

>> L型转动 <<

开始姿势为运动员脸向上躺着，两臂向两侧伸直，举起两腿与地面成 90°。两肩必须贴紧地面，两腿向右侧摆动，轻触地面（保持收缩），再摆动到开始姿势，继续向左侧摆动，轻触地面，两腿再回到垂直位置。

>> 展髋 <<

运动员脸向上躺着,屈膝,全脚掌接触地面,两臂向两侧伸直。脚支撑于地面,尽力向上抬起髋部,再下降(不要接触地面)。

>> 静力背部支撑 <<

运动员仰卧,收缩腹部肌肉,后背下部用力向地面按压。下颌收起,肩不要接触地面,但后背中部要接触地面。运动员数5次后休息。

健身

健身练习是一般的身体力量训练,但是与一般力量训练相比,它们更多地运用抵抗外界阻力练习。因为对中枢神经系统的高要求,这些高质量的上举练习对跳跃和撑竿跳高选手是非常有用的。每星期练习2或3次,两次练习之间至少休息一天。

>> 高翻 <<

运动员下蹲,大腿比平行于地面稍微高一些,两手以正手握住杠铃,两脚与两手之间的距离大约与肩同宽。运动员伸直膝和髋将杠铃提拉至肩的高度,放在胸和肩上。

>> 抓举 <<

运动员站在杠铃旁，两脚分开比肩稍宽，胫骨离杠铃约1英寸（约2.5厘米），运动员下蹲，宽距正握杠铃，以臂用力将杠铃上举，在头上伸直臂。

第三部分 塑造头脑、身体和设计训练计划

≫ 硬拉 ≪

运动员两脚稍分开,站在杠铃前。深吸气后,塌腰,胸部向前,背部成反弓形。一只手正手、另一只手反手握住杠铃,两臂放松,伸髋伸膝,身体站直。

>> 深蹲 <<

两脚比肩稍宽分开,杠铃放在肩上。运动员屈膝下蹲到大腿与地面平行,上体保持与地面垂直,然后起立恢复至站立姿势。为了安全,身体不要向前倾斜,下蹲时膝不要超过脚趾。刚开始训练时可以用轻重量或不要负重,以后逐渐增加重量。

>> 卧推 <<

运动员脸向上，躺在平板凳上，两脚掌放于地面，两手比肩稍宽正手握住杠铃，控制住杠铃慢慢下放至胸，然后伸直两臂推举。

>> 上拉 <<

运动员躺在长凳上,两脚掌放在地面,双手持哑铃,拇指环绕把手,两臂伸直。深吸气后,在头后下放哑铃,肘关节微屈。

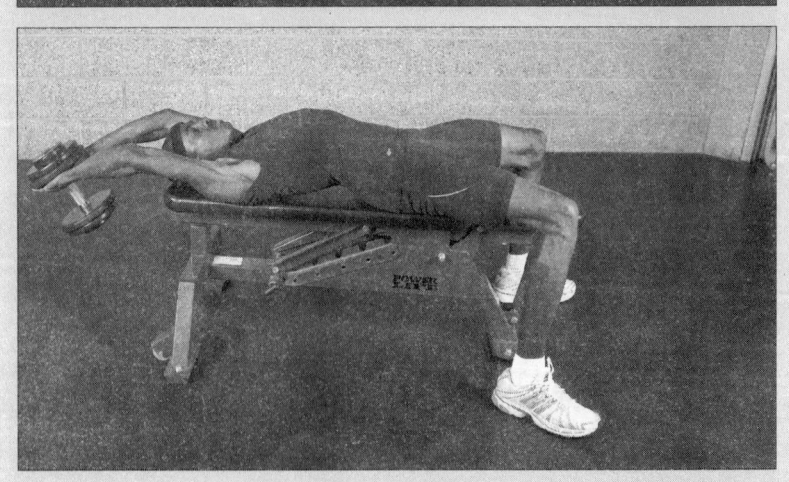

▶▶ 负重提踵 ◀◀

运动员站在平台上，双脚前脚掌站在边上，运动员慢慢抬起脚后跟高于平台，再慢慢降低脚后跟低于平台。

爆发力和弹性力量

爆发力包括力量和运动的速度。跳跃选手在起跳时所产生的推动力就是典型的爆发力的例子。对跳跃选手来说，爆发力是最关键的力量素质。举重、多种跳跃和多种投掷练习是训练爆发力的方法。

因为跳跃是自然的弹性活动，跳跃选手需要做自然而然的弹性力量活动（这样便引出牵张反射概念）。收缩包括随意收缩和不随意收缩，都比单纯用意志收缩更有利于选手。以下所提供这种类型的练习包括综合跳跃（反弹练习）、综合投掷（铅球和实心球）和冲刺跑及跳跃（高弹性力量训练方式）。

实心球练习

实心球练习包括一般力量练习和弹性力量练习。当进行这些练习时，躯干的稳定是最重要的。根据运动员的能力水平，实心球的重量在2~8公斤。实心球的练习可安排在恢复期或低要求训练期。

≫ 站立头上前抛 ≪

两脚站在一起，两手头上持球，运动员左脚向前迈出一小步将球抛出。关键是当发力时，身体要成反弓，落地脚支撑住，将力量传递到球上。如果投掷是爆发性的，这个姿势将引发牵张反射。运动员重复做，换成右脚迈出。

>>> 转体抛球 <<<

这个练习需要两个人做。两个人面对面距离大约 12 英尺（4米），一人双手低手持球，身体转向右侧，转体向同伴抛球，使同伴在大约髋部水平接到球。练习时，两人的脚必须固定在地面上。球抛得越快，躯干越要稳固。

》》仰卧起坐抛球《《

两名同伴面对坐下，屈膝，脚尖接触，全脚掌着地。一名同伴将球抛向另一名同伴，同伴接住球后上臂伸展身体向后躺下，将球从头上接触地面，然后收腹坐起将球扔回。

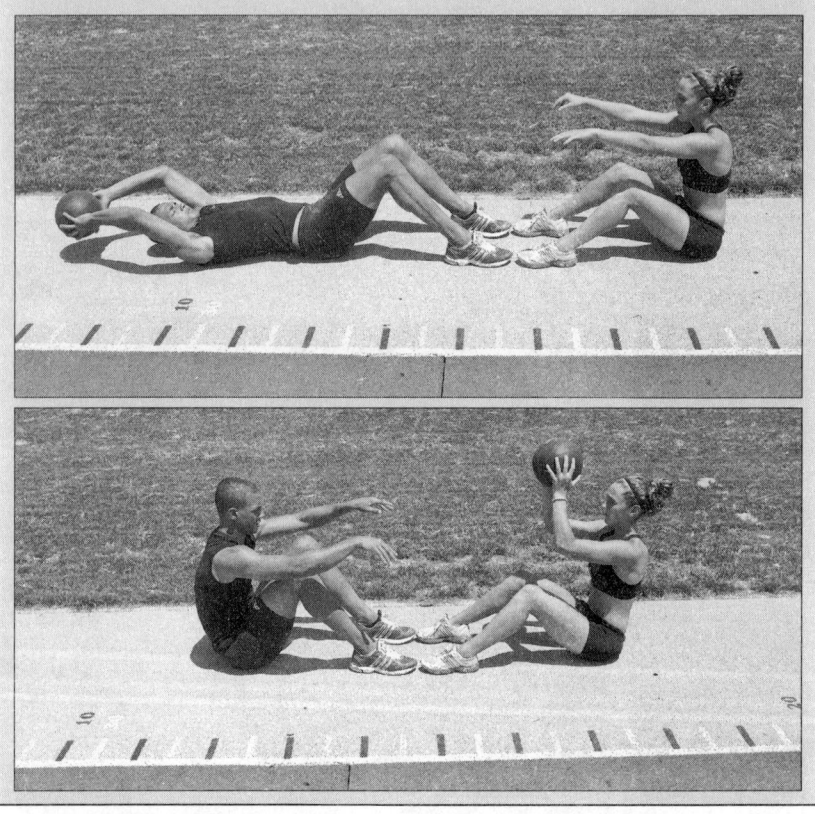

>> 转体传球 <<

两名同伴背对站立，相距 2 英尺（60 厘米）。运动员双手持球向左转体（右手在球顶部，左手在球底部），将球递给同伴。同伴向右转体，接球，左手在上，右手在下，然后向左转体，以同样的方式将球再传递给同伴，但要将右手转到球的顶部。快速做此练习。

>> 俯卧抛球 <<

脸向下趴着，两人相距 2 英尺（60 厘米，手之间的距离），运动员将球抛向同伴。运动员要使肘和胳膊的其他部位离开地面。可以用轻些的球。

>> 上抛 <<

两脚站在地上,两臂在体前伸展,运动员手持较重的球,以低手向上抛,再接住球。

>> 下蹲胸前传球 <<

这个练习需要一个同伴，或者对着墙。运动员双手持球，肘外展，下蹲后向前跳起，向前上方推球，两手要靠拢，肘要高，手指要拨球。

>> 坐式头上抛球 <<

两人坐着,膝完全伸展,脚底对着脚底,两手持球于头上,用力向同伴抛球。

综合投掷练习

综合投掷练习可以使用铅球或实心球(4~8公斤),投掷时要非常有弹性,可有效刺激中枢神经系统。进行这些练习时,运动员要有良好的姿势力学。综合投掷练习是非常好的测试练习,可以很好地配合其他弹性练习,可以在训练课的末尾做。

▶▶ 头上前抛 ◀◀

运动员双手头上持球，向前上步，用起跳脚落地制动，蹬地脚蹬地，用力将球抛出。这个投掷动作也可以两只脚站在抵趾板上进行练习。

▶▶ 后抛 ◀◀

此项练习可以站在平地上做，或者在抵趾板后面做。运动员双手低手持球，屈膝下蹲，伸展全身，从头上向后上方用力将球抛出。

▶▶ 胸前传球 ◀◀

运动员双手持球，就像篮球的传球一样，大拇指向下，其他四指包裹着球，肘外展。运动员下蹲，将球向前上方推出。关键是力量要通过肘传递。

综合跳跃练习（反弹练习）

这种力量工作方式是非常有弹性的，自然的，对跳跃选手很重要。运动员要安全的逐步递进（运动量和难度）。这些练习在高要求的中枢神经系统训练课上，例如跳跃或速度训练课上可以经常做。刚参加训练或年轻的选手一周一次的反弹练习就够了，较高水平的选手一周两次就可以。要强调落地要轻，用脚前掌落地，接触地面时间短。前四个练习是低级的，紧接着的七个是中级的，最后四个是高级的。

≫ 跳绳 ≪

跳绳是非常低级的反弹练习方式。运动员手持绳子把手，使绳子从头上到脚下做画圆运动，当绳子到脚底时要跳起。运动员可以轮流用一条腿跳，或者同时两条腿跳，跳绳时像散步一样悠闲。刚开始时可以 30 秒一组，随着技术熟练逐渐增加时间。

≫ 单腿跳线 ≪

单腿跳线很简单，是用单腿从一条线的一边跳到线的另一边。在跑道上，用一条腿站在线的左边，跳起后越过线到右边，仍用起跳脚落地，然后再跳回起始位置。用另一只脚重复此项练习。

》》180°旋转跳《《

运动员跳起后向右转180°,落地时面对相反方向,然后再跳起向左旋转落地时回到起始位置。

》》兔子跳《《

运动员只用踝关节屈曲跳起,在膝关节处尽量少弯曲。此项练习可用一条腿或两条腿做。

>> 带腿跳 <<

这种跳跃练习是以领先腿用力带动另一条腿跳跃。摆动腿膝抬高,脚在膝正下方,脚尖上勾,当大腿与地面平行时膝制动,腿用力带动另一条腿跳跃。重复进行。

>> 克里欧卡舞 <<

运动员面向一侧,身体向右转动,带动左膝在身前绕过。当左脚落地时,右脚在左脚的后面并朝向右方。两臂随着动作向相反方向摆动。此项练习躯干做大幅度转动。

▶▶ 轻松跳 ◀◀

运动员以慢跑开始，然后进行跳跃动作。前腿的膝关节在最高点暂时保持一下，后腿在最大伸展时暂时保持一下。然后，领先的脚主动着地去重复进行下一跳动作。身体要高重心，躯干保持垂直。此练习与普通跳跃的不同在于蹬地时的推动力要小（与地面接触的时间要长一些）。

▶▶ 直腿跳 ◀◀

直腿跳对加强运动员的屈膝肌群很有好处，此动作也称为鼓手步。运动员腿伸直，在膝关节处仅有微小的弯曲以防受伤。每条腿近乎伸直的伸展动作使屈膝肌群参与了运动。身体要高重心，躯干保持垂直，因为这个动作的姿势最为关键。

▶▶ 单腿跳 ◀◀

单腿跳可以在适当的位置开始做，然后交替向前。运动员开始时做轻松跳跃，紧接着做跳起，脚后跟接近臀部，单腿跳的距离在 20~30 米。脚后跟必须要碰触臀部。跳跃腿做周期性恢复，摆动腿伸直摆动。

▶▶ 慢跑—慢跑—慢跑—快速踏跳 ◀◀

先从右脚迈步开始，慢跑三步，然后左脚快速踏跳，使右脚靠近臀部（膝向上，脚趾向上）。这个练习要非常有爆发力。重复做。

▶▶ 慢跑—慢跑—慢跑—快速踏跳—快速踏跳 ◀◀

先从右脚迈步开始，慢跑三步，然后左脚快速踏跳，使右脚靠近臀部（膝向上，脚趾向上），马上用右脚快速踏跳，使左脚靠近臀部（膝向上，脚趾向上）。每个第四步做快速踏跳。

▶▶ 跨步跳 ◀◀

跨步跳是跑动动作，强调每一跨步的摆动腿的膝停顿一下。蹬地腿用力蹬离地面（摆动腿的膝在最高点），在摆动腿落地前保持短暂的停顿。跨步跳需要强大的力量。运动员开始时可以跳20米，随着身体素质的增加逐步增加距离。

▶▶ 单腿跨步跳 ◀◀

运动员蹬离地面，起跳腿接近臀部，向前转动落地。大幅度的转动是非常重要的。摆动腿的带动和制动，对身体提供了动力的传递，有助于地面产生推动力。运动员两腿可以交替练习。因为这是一个非常难的练习，运动员和教练要注意疲劳、动作是否变形，任何一个方面有问题都要停止练习。因为这项练习通常是在训练课的后期，运动员将因为负荷量而犯错误。

跳深

跳深是双腿从一系列的箱子上跳到地面上（当落地时给身体以很大负荷）。这个动作的重要部分是当跳上下一个箱子离开地面时的反应，跳上的动作必须要快速和有爆发力的。另外，此项练习的关键是和地面的接触时间必须足够短，以产生牵张反射。如果运动员在地面停留了太长的时间，就将失去反射动作的作用。运动员可以从20厘米高的箱子逐渐过渡到60厘米高的箱子，确保不要太快。开始时一排3个或4个箱子，最多达到8个箱子。

右—右—左—左跳

此项练习是三级跳远的主要练习动作。运动员右脚跳两次，左脚跳两次，右脚再跳两次，以此类推。运动员开始时可以跳20米的距离，随着身体素质增加再增加距离。动作变形是判断运动员是否做得太多的标准。

协调

协调被定义为完成一项技术的效率水平。每一项跳跃项目都有其节奏、和谐和神经系统的触发顺序。这些触发顺序的协调，或者被称为时序，必须在神经系统学会适应运动项目的要求时以渐进的方式传授给运动员。

训练协调性和技能是需要花费时间的。此过程从一般向特殊、从简单向复杂过渡。教练员必须确保不向运动员要求做不可能完成的技术性动作。这是通常易发生的错误，因为教练员和运动员经常想立刻获得成功。技术训练要求耐心、时间和适度的进步。

想象一下一名男子跳高运动员，经过较长的助跑后，再跳跃越过横杆。教练员已教给运动员适当的语言指示，然而运动员仍不能做到教练员所要求的那样，该有多沮丧。这个运动员缺乏经过较长的助跑达到一定速度所需要的力量，不能创造足够大的起跳速度（瞬间巨大力量），在地面上的时间太长，运动员的身体重心起跳前快速移到身体前面，结果导致冲向横杆。这名运动员如果减少助跑距离、加强力量练习，就可获得更有力的起跳力量。

用最低高度的、间距为15~30厘米的10个栏架做所有以下的协调练习。这些练习对一般力量、协调和髋关节灵活性有很大好处。它们经常用于恢复期。

≫ 两次落地跨栏架走 ≪

运动员一条腿提膝于身体前方迈步跨过栏架，落地后，后脚抬高跨过栏架在栏架之间落在前面那只脚旁。这样，运动员每次用同样的脚领先做此练习。可用另一只脚重复做此练习。

≫ 一次落地跨栏架走 ≪

运动员一条腿迈步跨过栏架，落地后，后腿立即迈步不再落地而是直接跨过下一个栏架。这样，运动员交替跨过一组栏架。关键是迈步时抬高膝部。

▶▶ 两次落地向后跨栏架走 ◀◀

运动员一条腿迈步向后跨过栏架,另一条腿也同样向后跨过栏架,两只脚并在一起后,开始做下一个向后跨过栏架动作。

▶▶ 向前三次向后一次跨栏架走 ◀◀

运动员开始时用一次落地行走跨过栏架,跨过三次栏架后,向后跨过栏架一次,然后再次向前跨过三个栏架。重复做直到跨过全部栏架。

▶▶ 跨过和钻过跨栏架 ◀◀

一排摆 10 个栏架,每间隔一个栏架高度提到 42 寸(107 厘米),其他栏架高度放到最低。运动员用左脚跨过第一个栏架(最低高度),当左脚在栏架之间落地后,用右脚迈步钻过下一个栏架(较高高度),在钻过时完全蹲下。然后左脚再跨过下一个栏架,重复练习直到最后一个栏架。下一组练习,运动员用右脚先开始跨。

柔韧性

柔韧性定义为关节的运动范围。在助跑时步幅和步频增加速度则增加。跳跃选手开始助跑时是以高度意志力方式达到强力驱动时相。随着速度增加，步子的周期运动开始无需意志力地增加（以牵张反射驱动，不需太多意识调控）。最佳高速度技能需要步长的大幅度（动作的大范围）。臀部肌肉（在膝抬起最高点时）和髋部屈肌（脚趾离地后）的牵张反射过程是所谓的"弹性机制驱动"。有意思的是，虽然这些收缩是复杂的，但它们根据运动员的指示运行得很好。这个系统过多的紧张将抑制牵张反射对运动员提供帮助。柔韧性是这个过程的最佳需要。

柔韧性能通过主动和被动的手段加以训练。主动手段指运动员用非助力的静力拉伸以增加动作的活动范围。被动手段指他人帮助运动员增加动作活动和伸展的范围。本体感觉神经肌肉促进（PNF）是一个用被动手段训练柔韧性的例子。用冲力的动力练习是另一个增加柔韧性和运动性的方法。在不同幅度下腿摆动的变化是动力练习的例子。

>>> "4" 形练习 <<<

运动员仰面躺着,两臂伸向身体两侧,左腿转向右侧,以左脚踝放在右腿的膝关节上。这个姿势要保持 30 秒或更长时间,再转向另一侧。

>>> 静力蝴蝶 <<<

运动员坐在地上,膝关节伸向身体两侧,脚底接触在一起。两肩向后,上体坐直,运动员用肘按压膝关节,保持 30 秒或更长时间。

>> 坐式体前屈 <<

运动员两腿向前伸直坐着，背部伸直，伸手触碰鞋尖。运动员手要尽量向远伸，保持30秒或更长时间。

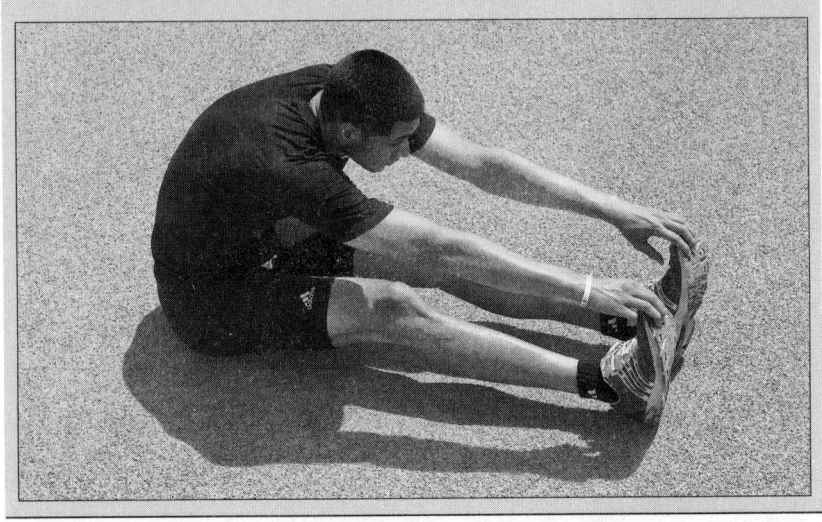

>> 弓箭步拉伸 <<

运动员一条腿前迈成弓步，身体下降，前腿膝关节屈曲90°，膝关节在踝正上方，后腿伸展，膝接触地面。

>> 囚徒拉伸 <<

运动员深蹲，两膝稍向外伸，两臂在腿内侧，手在身体前面下放。这个姿势保持30秒或更长时间。

>> 单腿站立股四头肌拉伸 <<

运动员在身体后面折叠大小腿，右手抓住右脚，两膝靠拢在一起，髋部向前，可以用左手扶墙。保持30秒后做另一侧。

耐力

耐力是长时间维持运动力量的能力。跳跃项目不是需要特别耐力的项目，因为跳跃选手在助跑道上最多只跑45米，我们最感兴趣的是运动的质量而不是数量。然而，我们对运动员的训练能力非常感兴趣，训练能力是包含耐力素质的。为追求成功，跳跃选手必须完成大量的重复练习，这些练习需要身体强健。同样，在一个大型比赛中运动员要比赛好几天，预赛轮次在一天，决赛在另一天。作为运动员，跳跃选手经常从事跳跃项目之外的其他项目。处理高水平工作以延长工作时间的能力称为专项耐力。在系统增加的训练量中，专项耐力得到了发展。

没有真正的所谓耐力训练，耐力是通过逐渐对机体增加负荷量获得的。要向跳跃运动员说明耐力不是跳跃项目的特殊要求。对一名跳跃选手来说，如果具有一般身体素质水平，耐力不是必需的。对所有的跳跃选手来说，所希望达到的目标是拥有专项耐力。这意味着训练必须符合项目的特殊要求。专项耐力通过重复完整的跳跃练习来发展，例如，冲刺耐力通过冲刺跑来发展，跳跃耐力通过跳跃来发展。

■ 第三部分　塑造头脑、身体和设计训练计划

第九章

第九章　设计训练计划
威尔·弗里曼　博士(Dr.Will Freeman)

跳跃以周期性的助跑动作开始，以非周期性的跳跃动作结束。最佳成绩要求最大的可控的助跑速度结合最大的起跳力量和最佳的起跳技术以及空中技术。对跳跃运动员来说，训练的目标是在最高水平上保持技术技能的稳定性。训练年龄、健康水平、遗传因素、身体素质发展和教练员都影响到成功。对教练员来说，促进运动员提高需要直觉、经验和科学知识，以便提供给运动员最佳的整套计划。跳跃教练员应理解影响运动员适应（训练、休息、营养、教练、理论和其他潜在的刺激源）的过度训练和恢复以及变量的基本原则。本章将帮助跳跃项目的教练员和运动员制订训练计划。

负荷变量

这一部分讨论负荷和适应，解释为何在运动训练中它们是关键因素。在学习负荷和适应的原则之前，运动员和教练员应该知道负荷是如何被测量的。负荷是以训练的运动量、强度和密度为特征的。

运动量　运动量是训练的总数（数量）。一般来说，训练量是和运动员的身体素质和发展水平相适应的，在训练年度的早期较大，在比赛期则下降。运动量很容易通过努力、每秒跑过的距离、步频、规定时间跑过的全部距离、所举起的重量（磅或公斤）和特别规定的跳跃、跳跃的高度或距离来测定。在限定的一段时间内，"根据个人能力、训练阶段以及量和强度之间的比率"（Bompa

1999,p.90），教练员能决定训练的运动量。

强度 强度是度量训练的质量，通常测量最大努力的百分比。一般来说，强度随着赛季的到来逐渐增加。因为跳跃项目的运动员依靠中枢神经系统，训练中的强度将达到一个高水平并且保持住。在比赛期，只有运动量呈下降状态，而为了某个特定比赛训练强度将达到峰值。在这个时候，训练的质量维持最高水平。

教练员必须有一套系统用来定量训练的运动量和强度，尤其速度、力量和技术训练时。表格 9.1 表示如何定量训练的类型。教练员要记录所有运动员的负荷量。

表 9.1　定量运动量和强度

特征	如何测量运动量	如何测量强度
加速度/速度	距离/重复次数/组数	最大努力的百分比
力量循环练习	循环练习的距离（时间）	最大努力的百分比
举重训练	完成重量/重复次数/组数	最大努力的百分比
综合跳跃	跳跃次数/距离	最大努力的百分比
综合投掷	投掷次数	最大努力的百分比
技术练习	跳跃次数/组数	最大努力的百分比

密度 密度是训练的频率，或者在给定的时间内训练的次数。对那些能胜任的和有经验的运动员来说，训练的密度可稍大些。年轻运动员训练积累不足，恢复时间较长，训练的密度要小一些。也就是说，那些训练时间较长、更有经验的运动员比年轻的、训练时间较短的运动员能承受更大的负荷，能进行更频繁的训练。

渐进训练

渐进训练指在系统的和渐进的方法中，给予跳跃选手以适当负荷使其适应。训练的发展是专门化的过程，也就是说，训练跳跃选手是根据他们的项目要求专门采取特别方法的过程。发展（超负荷、适应和恢复）和专门化包括以下部分。

超负荷、适应和恢复

负荷和恢复的过程是运动员的所有训练内容。人体系统运行的普通状态（体内平衡）被运动负荷所打乱，能量系统用尽造成疲劳，乳酸产生被释放到系统中。负荷结束后（练习终止），系统开始向体内平衡回归。机体摄取能量以弥补负荷所消耗，当能源和其他营养成分充分获取后，系统的恢复实际上超过训练前的体内平衡水平，称为超量补偿，这是人体主动适应训练的基础。

运动员适应训练的能力会随着体质水平而变化。训练负荷要随着运动员体质的增加而增加。之前几星期的最佳训练负荷之后对运动员将不再有同样的效果。当运动员已经适应负荷了，教练员应增加运动量和强度。以下是增加负荷的几种方法，排列没有特别的顺序（Bompa 1999,p.89）。

增加运动量：

增加训练课的持续时间。

增加每周训练课次数。

增加重复次数、跳跃次数、练习次数或者一次训练课的技术成分。

增加练习的持续时间或一次练习的距离或重复次数。

增加强度：

增加助跑速度。

增加力量训练的负荷。

减少两次重复练习之间的休息时间。

增加任何活动的努力程度。

提供何时增加负荷和增加多少负荷的特别指导是非常困难的，训练的起始水平和负荷增加依赖于运动员的训练年龄、体质水平、运动能力及其他因素。执教艺术包括了解运动员和设计最适合他的训练计划。

运动量和强度不是相互排斥的。图9.1表示在一个单周期模型中，运动量和强度是随着时间共同作用的。当训练量增加时，在一定程度上强度也经常是增加的。全部负荷是运动量和强度共同的作用，在某种情况下，全部负荷施加的结果将使运动员冒着受伤的危险。这经常在训练的专项准备阶段发生。随着训练质量的提高，运动量应该开始下降，直到它简单的维持运动员的体质水平即可。就这点来说，训练的质量是最重要的。

教练员必须记录所有的训练情况，以便监控运动员是否适应。在训练的早期，运动量和强度两方面的负荷都要增加，最大负荷时期（例如最大运动量和强度）将发生在专项准备阶段的后期，在这时，运动量和强度都提高将增加过度负荷和受伤的潜在风险。渐进的训练方式提示强度可以继续增加而运动量开始下降。

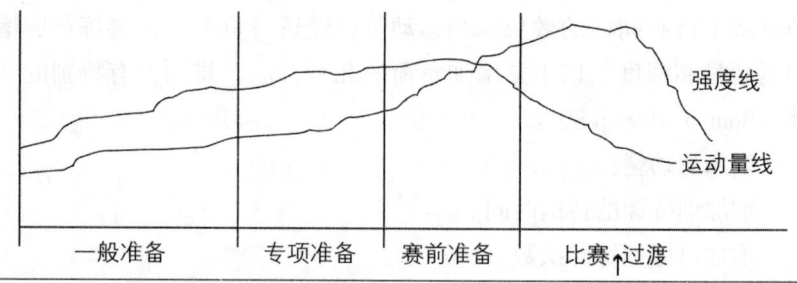

▶图9.1 训练年度运动量和强度联系图

恢复是超量补偿模型的关键部分。教练员在训练运动员方面是行家里手，但经常忽视运动员在被施加负荷后需要恢复体内平衡。身体对训练的反应（例如适应）在恢复期会出现，一系列因素影响恢复的结果（Bompa 1999,pp.96–97）。

● *跳跃选手的年龄。* 运动员在 18 岁以下和超过 25 岁需要更长时间的恢复。

● *跳跃选手的体质水平。* 体质好、更有经验的运动员比体质差、缺少经验的运动员恢复速度快。

● *跳跃选手的性别。* 女性比男性需要更多的恢复时间，因为内分泌系统不同（特别是较少的睾酮）。

● *气候。* 天气冷，恢复慢。

海拔高度。 海拔高，恢复慢。

营养。 适当的营养补充可以加快恢复速度。

负荷中所表现的训练类型决定恢复（补偿）时间的长短。低强度的训练，例如轻松的有氧跑需要短时间的恢复（低至 6 小时）就可进行下一次训练。在跳跃项目训练中经常安排的高要求的训练后，在下一次练习前需要较长时间的恢复（根据负荷大小，恢复时间为 12~36 小时）。然而，对中枢神经系统高要求的负荷后，如果下一次训练是恢复型练习（低强度），运动员会很快适应。

运动量也会影响总负荷。一个艰苦的跳跃、综合跳跃和综合投掷的中枢神经系统类型的训练，将毫无疑问的使运动员休息两天。然而，如果以较少运动量（例如，较少的跳跃，较低努力的综合跳跃和综合投掷）做同样类型的训练，运动员将恢复得很快，因为系统的总负荷要小。

在跳跃项目中，积极的恢复是很有用的。身体对高强度训练的初始反应是系统中的乳酸。系统摆脱自己产生的乳酸越快越好。高强度训练课的最后安排低强度的练习（例如慢跑和游泳）对带走系统中的乳酸和快速恢复身体平衡是非常有利的。教练员必须了解运动员的身体生理平衡，训练模式的设计要使身体尽快恢复平衡，积极恢复有助于达到目的。在每一个中周期（每四周）中安排一个恢复小周期将帮助身体从训练负荷中重新恢复。

当运动员在下一次负荷前没有足够的时间恢复，达不到体内平衡状态，身体补偿就有很大亏空。像这样重复循环将出现训练状态下降，训练过头，最终导致过度训练。和运动员公开地、实际地交流将帮助教练员确定运动员的训练没有过头或过度训练。Mayers 和 Whelan（1998，338 页）提出以下运动员过度训练的征象：

- 冷漠
- 嗜睡
- 精神疲惫
- 睡眠障碍
- 体重下降
- 肌肉酸痛难以痊愈
- 胃肠功能紊乱

- 食欲下降
- 低自尊
- 情绪变化
- 药物滥用
- 情感孤僻
- 焦虑增加
- 价值观和信仰改变

任何上述征象出现都需要减少总负荷量。超过一个以上的征象需要减少负荷甚至停止训练以使身体系统恢复。

专项化

训练的终极目标是最高运动水平时的技术稳定（例如，比赛成绩的一贯性）。训练过程开始于运动员初始评估和基础部分的发展（和任何身体弱点的克服）。以后，训练的早期阶段以一般的、简单的、不像是练习跳跃项目的训练方式为特征。随着运动员体质的增强，跳跃项目的训练变得更复杂、更专业。这种进步可以用以下语言表述，"首先是训练运动员，然后才是训练跳跃运动员"。这样的进步使运动员更健康、更适应。

训练水平如何直接反映在运动员的技术熟练水平、教练员指导质量、环境条件、社会因素和设施情况。在正常训练模式下取得进步和很好适应训练的运动员将提高自信，赢得教练员的信任，以及运动员对训练模式的信服。"问题运动员"经常是那些训练不正常，不能取得进步和提高的运动员。

教练员对运动员进步的认识通常过高。在某个跳跃项目上，如果期望运动员在比赛中能有良好的表现，运动员就必须首先拥有必要的身体特质和体质水平。如果教练员经常要求运动员去做那些由于结构限制难以完成的技术性练习，就会导致教练员和运动员都产生挫折感。因此，教练员必须及早认识任何可能阻碍学习的限制因素。初始测试有助于发现运动员需要什么。

周期化

周期化是在有特别目标和训练主题的训练年度，为运动员制定特别的时间分段的过程。因为周期化涉及逐渐增加的训练负荷，确保运动员适应施加在系统上的压力。训练时期可被分成几个时间段：从最长到最短，包括周期、阶段、中周期、小周期、训练课和训练单元。

周期

训练周期是训练时间分段中最长的。训练年度分为三个时期：准备期、竞赛期和过渡期（图9.2）。准备期是一个重要的时间分段（达到训练年度一半或者更多）。在这个时期，选手打好各方面基础，用一般的方式准备比赛季节的到来。一旦赛季完成，运动员过渡（逐渐降低负荷）到下一个阶段。

准备期					比赛期				过渡期	
9月	10月	11月	12月	1月	2月	3月	4月	5月	6月	7月	8月

▶图9.2 训练周期

阶段

准备期和比赛期分为四个阶段：一般准备阶段、专项准备阶段、赛前阶段和比赛阶段（图9.3）。运动员和教练员要专注于训练负荷的逐渐增加（随着时间推移增加负荷）和跳跃项目的特殊要求。开始时运动员要进行一般的训练以便使身体适应负荷，然后逐渐向跳跃项目的专项练习转移。每一个训练阶段都是独特的。

一般准备阶段	专项准备阶段	赛前阶段	比赛阶段
准备期		比赛期	过渡期

9月	10月	11月	12月	1月	2月	3月	4月	5月	6月	7月	8月

▶图9.3 训练阶段

一般准备阶段：为了训练而练

一般准备阶段是发现优势和弱点、识别潜在的身体素质问题的机会。它是训练的最长阶段，持续训练年度的三分之一到一半时间。这个阶段的训练是一般训练。

专项准备阶段：向跳跃转移

在专项准备阶段，训练负荷适度地增加，运动员也做更多的跳跃专项练习。运动量与训练复杂性的加大使训练负荷大大增加。就这点来说，教练员必须注意可能的运动损伤，需知道充分的恢复是训练过程的组成部分。有关跳跃的练习和短距离助跑的跳跃练习开始出现在这个阶段。

赛前阶段：比赛开始

随着训练强度的持续增加，训练质量要优先于训练数量。赛前阶段的目标是技术的稳定性，因为运动员开始将所有技术组合在一起。赛季初期的比赛开始了，这些比赛是训练模式的，它们的成绩可以反映这个阶段的训练目标。

比赛阶段：目标接近

在比赛阶段，运动量下降，强度增加："质量重于数量"是这个阶段的格言。跳跃的技术重点在训练中是优先的，反映了比赛要优先于训练。

在比赛阶段，运动员必须能进行高质量的训练，并可从训练中迅速恢复以达到运动状态的顶点，没有这两点，优异成绩不会取得。如果运动员已经被训练到高竞技状态，主要比赛之前的7~10天要包括恢复、放松和超量补偿过程（Bompa 1999,p.297）。教练员要刺激神经系统，保持中枢神经系统的适度兴奋性。这个时期的运动量下降，然而强度维持高质量，高要求的训练使神经系统保持"充电"状态。

这个时期教练员经常犯使运动员承受过多负荷的错误，这样造成中枢神经系统疲劳，以至在重要比赛到来时竞技状态下降。

比赛阶段运动员的心理状态也需要调整。积极心理状态的增强来自教练员、运动员积极的自我对话和心理演练。

中周期

一个中周期大约一个月时间（图9.4）。在一个中周期里，通常都有一个主题，这些主题将反映在此阶段所有的训练中。例如，在一组以速度为主要主题的训练中，速度将包括在所有的身体素质练习中（速度、与跳跃有关的练习、力量练习），正如表9.2所示。

1	2	3	4	5	6	7	8	9	10	11	12
一般准备阶段			专项准备阶段			赛前阶段		比赛阶段			
准备期						比赛期				过渡期	
9月	10月	11月	12月	1月	2月	3月	4月	5月	6月	7月	8月

▶ **图9.4** 中周期

表9.2 中周期训练计划示例表

中周期	周数	主题
第1~4中周期	16周	综合练习
第5~6中周期	8	初步的力量和跳跃练习
第7~8中周期	8	加速度、速度和助跑练习
第9~10中周期	8	技术练习

小周期

小周期是典型的一周训练时间（图9.5），但也可能长达14天。就像在中周期里有训练主题一样，小周期也每天安排具体内容。训练主题引导训练的选择，帮助区分中周期里的小周期类型。

教练员可指导运动员运用一组训练类型，例如，室外训练的中周期1（四星期一个的周期）可以重点安排大力量训练。中周期2（下一个四星期的周期）可以重点安排速度训练主题，最后四星期可以安排比赛主题。

全年的小周期的每一天可以安排单独的训练主题（例如，星期一是速度，星期二是跳跃，星期三是爆发力/弹跳，星期四是综合训练，星期五休息）。教练员必须特别注意从一个训练日过渡到另一个训练日衔接的一致性——特别是如何让负荷和恢复共同作用以促进运动员适应。对中枢神经系统施加负荷的训练日要求较长时间的恢复。着重建议在每一个中周期里安排一个降低总负荷（运动量×强度）的小周期。

1 2 3 4 5 6 7 8 9 10 11 12 13 14 15 16 17 18 19 20 21 22 23 24 25 26 27 28 29 30 31 32 33 34 35 36 37 38 39 40 41 42 43 44 45 46 47 48 49 50 51 52											
1	2	3	4	5	6	7	8	9	10	11	12
一般准备阶段			专项准备阶段			赛前阶段		比赛阶段			
准备期						比赛期				过渡期	
9月	10月	11月	12月	1月	2月	3月	4月	5月	6月	7月	8月

▶图9.5 小周期

训练课

训练课即训练本身，一般也有一个主题。一个有技术练习主题的课时可以是一个跳跃训练日，包括反映高中枢神经系统要求的跳跃补充单元（例如冲刺跑、综合跳跃、综合投掷或举重）。同样，紧接着一个高中枢神经系统负荷课后的训练课可以包括低水平的恢复单元，例如有氧跑和有氧类型的力量循环练习。在本章的后面有如何设计一节训练课的指导。

训练单元

训练的最小成分是单元，是训练课的单独成分。大部分跳跃运动员的典型训练课包括以下形式：热身单元、技术单元、力量单元、身体素质单元和放松单元。每个单元的训练水平和数量按照运动员训练的水平、训练年度的阶段、训练课的主题或目标予以安排。

高中的跳跃选手与大学或优秀运动员相比面临不同的困难，最大的困难是一个较短的训练季节，在寒冷天气的地方经常只有9~12周。很多高中学校的运动员从其他运动项目中脱身来到室外的跑道。他们有时带着从其他项目中受的伤，可能开始跑道训练时已经精疲力竭。教练员必须从生理和心理两方面评估每一名运动员的开始状况。对教练员来说重要的是训练的四个阶段必须完成，而不管每个阶段的运动员所负担的训练周数是多少。一般准备阶段、专项准备阶段和比赛阶段必须都要涵盖在计划内，每个阶段仅仅只有几周时间。如果运动员能在一般准备阶段、专项准备阶段这两个准备阶段准备充分，他们则能极大地提升自身的竞技状态。

跳跃训练原则

跳跃训练原则是教练员为训练模式设计的法则和规则。Bompa（1999，27—52页），Harre（1982，73—94页）和Freeman（1989，9—13页）都说过这些帮助跳跃教练员的原则的作用。

综合训练

就像一间建筑良好房子的基础，综合训练为运动员提供稳固的基础。综合训练强调所有身体素质因素，这些因素之间的平衡是关键。训练年度期间，运动员将从综合训练转向专项训练，达到专项能力的高度专门化和高水平竞技状态的稳定化。

变化

对学习来说，虽然重复是重要的，教练员必须知道训练会变得不新鲜，运动员会感到厌倦。教练员要创造性地设计和提供多样的方式以完成训练目标。训练中的变化对生理和心理都有作用。多样性的测试和挑战中枢神经的机制促进运动员对负荷积极适应。周期化不仅是负荷递进、逻辑方法的变化,也提供负荷机制的变化。

个性化

每个运动员对训练负荷的反应是不同的。对某个运动员起到很好作用的计划未必对另一个运动员起到好作用。对每个运动员来说这个过程是动态的。"随着运动员的身体素质和技术水平(还有身体成熟度)的进步,全年的安排将会逐渐变化。教练员必须考虑运动员的日历年龄和生物年龄(身体成熟度)、运动经验、技能水平、努力程度、运动水平、训练和健康状态、负荷能力和恢复速度、体型和神经系统类型以及性别差异"(Freeman 1989,p.10)。教练员要为很多运动员设计训练课(包括热身和放松)的一般内容,但要将运动员分成若干能力和需求相似的小组,以便安排课的基本负荷。

可逆性

一个不再承受压力的系统将回复到功能性的低运行水平,这是在赛季结束停止训练的运动员经常发生的情况。这样一个训练中的突然变化对系统是有很多影响的,轨迹如下:

训练→适应→停止训练→状态失去→开始下一个赛季训练

很多运动员年复一年的重复这种过山车似的训练,妥协于长期进步的希望或者体质的提高。在一段时期内(例如四年)渐进的负荷需要体质的相应提高,在赛季之间的过渡时期,运动员也要防止体质的弱化。

一致和补充训练

一致训练包括相互补充的单元,它可以是在特定训练课上训练能量系统,也可以训练有类似需求的中枢神经系统,这就是在一节训练课上安排多个主题的用意。训练单元和随后的训练可按照以下方式相结合进行(B.Myers, B. Schexnayder, D.Pfaff, G.Sefcik, R.Light, G.Winckler, and C.Rovelto, pers.comm.):

- 神经肌肉要求。像冲刺跑、跳跃、举重、综合投掷和综合跳跃的活动是高神经需求的运动，在一节训练课上这些活动可以很好地一起结合。

● 新陈代谢要求，或者能量系统要求。轻松的活动，例如轻松的节奏跑和一般力量类型的活动可以一起很好地结合，可以在恢复训练日搭配练习。

● 爆发力练习。高爆发力运动可以一起很好地结合。例如，在训练课的前段，综合投掷可以和举重很好地搭配练习。

● 与地面接触时间。和地面接触时间相似的练习，例如冲刺跑和综合跳跃可以很好地搭配练习。

● 技术共性。共同的技术因素的练习，例如跑—跑—跳（疾速）和连续跳跃练习可以相互补充。

● 运动动力性。蹲跳和双腿跳栏架都是动力性较强的练习可以在一节课中很好地安排在一起。

● 节奏要求。运动节奏要求相似性的练习，如跳高运动员在跑道上的弧线跑和在起跳区的助跑。

补充训练可以联系前后的训练课以加强训练效果（例如交替安排的大负荷和小负荷的训练日，交替的能量系统，使用的恢复手段）。当决定下一个训练日做什么时，教练员有一系列选择：

● 全天休息。

● 恢复活动。例如冰浴、桑拿和按摩。

● 对身体系统低要求的恢复训练课。例如水中训练，轻松节奏跑，低要求的绕圈跑。

● 相同主题但紧接有一个较重负荷的训练课。例如，在一天训练中，运动员完成低手投铅球紧接开始推球。第二天，运动员完成20米上坡跑后做髋关节拉伸。

● 相同主题但紧接有一个较轻负荷的训练课。例如，运动员在第一天做助跑练习，第二天在直道上做节奏跑。两天中均强调节奏，但第二天强度要低。

● 相同主题不同练习的训练课。例如，一天中用实心球的一般力量训练，第二天克服体重的循环练习。两天都是训练一般力量，都有相似的恢复机制。

● 不同主题不同负荷的训练课。典型的例子是一节大强度的神经肌肉训练课，第二天安排低强度的恢复课。

训练中的教学法问题

教学法是一门艺术，是教学和执教的科学。运动员必须信任教练员所制定的计划对自己和在特定训练阶段是有进步的（适应的）和起作用的。执教艺术是常识和经验的结合，再加上科学的知识，使教练员得以安排有效的训练。关键是教练员和运动员要理解在训练模式中一般身体素质要先于跳跃素质的训练。以下的教学法着重强调这些关键问题：

首先是训练运动员，其次是跳跃运动员。跳跃项目需要运动员在竞技（拥有跳跃的技能）和健康（安全的训练状况）两方面均保持良好状态。教练员要帮助运动员发展所有的身体素质，首先是一般身体素质，其次是跳跃的专项素质。这种训练安排确保身体健康，有助于最小化受伤风险。这遵循着 Bompa（1999）、Harre（1982）和其他人赞同的"从一般到特殊，从简单到复杂"的训练发展规律。速度、爆发力和协调的关键素质必须要发展，要按照实用和进步的方式，根据训练特殊阶段的要求予以安排。例如，在训练的早期全程助跑的跳跃训练易产生不良后果，但在后期对成功却是很关键的。

首先是训练节奏，其次是速度。在没有复杂的高速度的练习中，运动员学习运动的节奏是最适合的。随着熟练的增加和力量的提高，速度自然增长。

每一种跳跃有独特的和谐。跳跃项目包括从周期运动（助跑）到非周期运动（过渡到起跳和腾空）。四种跳跃动作的每一种都有最佳的助跑与和谐的跳跃。例如，在起跳时，跳高有最高的垂直速度，三级跳远则有最低的垂直速度。跳跃的目标限定在助跑的和谐（节奏）。教练员和运动员必须明白在分解成小的部分之前学习这些大概念的和谐。

全部—部分—全部的学习方法可能是跳跃练习的最好方法。首先练习整个动作的一般节奏，然后分解成可训练的部分，在以后的学习阶段不同的部分再完整的组合在一起。

创造计划

提出概念性和理论性的训练跳跃选手的因素后，现在我们来看特定运动员的训练。本部分讨论为运动员提供适当的训练，设计训练课和设计训练阶段。

提出合适的训练

为选手提供适当的训练前，教练员必须首先问以下问题：

- 什么是运动员的日历年龄？成熟的运动员具有稳定的生理机能，可以承受更多的训练。
- 什么是运动员的训练年龄（实际的跳跃训练年限）？这将引导与跳跃有关的特殊训练安排。
- 什么是运动员的成熟度？运动员以不同的速率生长发育。我们都知道运动员的早熟和晚熟。不同的发育速率引导不同的训练预期。
- 什么是运动员的身体素质测量（速度、力量、耐力、协调、柔韧）？身体素质测试有助于确认优势和弱点。测试运动员身体素质是基本的手段，经常测定可以确定优点和弱点以及训练是否有效。
- 什么是训练的时间结构？不同的运动水平是独特的。高中选手经常只有较短的赛季。赛季短意味着选手在每个阶段花费的时间更少。然而，在每个阶段花费时间的百分比和较长的赛季是一样的。

一旦之前的问题回答以后，教练员要设定一个完成训练目标的日期，再向后推算。达到训练目标和非竞赛时间表将决定训练的选择，随着以后目标日期的接近，将优先考虑比赛的安排。

决定在训练课上做什么开始于正在发展的训练进步的状况。正像本章之前提到的，在训练年度的给定时间内训练主题决定训练的安排。对跳跃选手最重要的三项素质的发展主题如下：

- 速度
- 力量
- 技术

一旦教练员理解属于身体素质因素的速度、力量和技术因素的概念，他（她）便去目录中寻找，选择合适的训练单元以用于特定的时间。训练目录是训练单元列表，当设计特定训练课时从中选择内容。教练员设计一个训练计划是对做什么、什么时候做和为什么做感兴趣。目录是做什么，反映给定时间内的训练目标。实际所选择的训练单元是特别为运动员身体素质发展、为施加在运动员身上的跳跃项目本身具备的特别要求制定的。

设计训练课

训练课应该以逻辑的和渐进的方式设计出来，要包括每一个训练单元的基本准则和目标。因为运动员在课的开始阶段是精力充沛的，神经系统工作应该在机体疲劳之前起作用。因此，跳跃练习应该（或者任何高技术因素）在课的早期进行，力量和身体素质练习在课的后期进行。练习的顺序如下：

- 热身。这是为即将进行的高强度工作所准备时期。
- 技术。当身体处于精力充沛时跳跃和其他技术练习要首先安排。当运动员疲劳时，技术会有相当大的改变（产生可能的坏习惯、姿势变形甚至出现损伤）。

- 速度。加速度和速度练习如果没在技术训练中安排，可在之后进行。再次强调，体力良好时练习速度是最好的。当运动员处于疲劳状态时，大部分与速度练习有关的损伤容易发生。
- 力量。力量练习要在技术和速度练习之后做，因为力量也是容易受疲劳影响的。所选择力量练习的方式反映技术和速度训练的类型（与训练内容一致）。
- 健身练习。这里的术语健身表示任何普通的常规健身练习或核心力量，这种健身练习是普通的，通常不是专门针对跳跃项目的。健身练习在训练的早期更经常使用，也可用于训练的恢复期。
- 放松。这项练习有助于使身体恢复平衡，逐渐减少之前的大负荷。放松性慢跑是通常的做法。

上述的训练课成分在很多方式上可重叠进行。例如，一堂跳跃技术训练课中，对一名运动员可一起安排12步跳跃技术、速度和力量。在某种程度上，当决定负荷和恢复时，一个重要的概念要明确，即身体素质训练课几乎总是重叠安排。

以下的表格表示从一般准备阶段到户外比赛阶段如何设计训练计划，可用此前所述的训练组成予以安排。

一般准备阶段	
内容	练习
跑	30分钟跑或法特莱克训练法（一种加速跑与慢跑交替进行的中长跑训练方法） 慢节奏、长间隔（中间恢复或短间隔） 密集的有氧力量：80%~89%顶峰或平台 速度：80米，90%~100%
力量	克服体重循环练习 高翻：3×10 肩负杠铃上高凳：3×15 股四头肌：3×15 股后肌群：3×15 斜板卧推：3×15 哑铃：3×25

（续表）

力量和速度	耐力（半个中周期） ·横向跳越凳子：2×20 ·双腿跳：20~40米/组，由双腿过渡到单腿 ·右右~左左跳（单腿，平地和台阶） ·向后跳 爆发力（半个中周期） ·跳深 ·跳栏架 ·长距离跳跃
技术	变化项目 短助跑（弧线加速） 助跑最后两步 跑姿
综合投掷	耐力（半个中周期） ·轻实心球 力量（半个中周期） ·重器械投掷 ·重实心球练习（每周两次课）
柔韧	静力拉伸 动力拉伸

专项准备阶段	
内容	练习
跑	速度（跑道）
	速度耐力
	有氧力量：2 次/周
	冲刺练习：2 次/周
	爆发性速度（斜坡，台阶）：每次 1 种，2 次/周
力量	星期四，星期日
	• 高翻：3×5，1×10@70%
	• 深蹲：3×5，1×10@70%
	• 股后肌群：3×5，1×10@70%
	• 哑铃：3×10@80%
	• 斜板卧推：3×5，1×10@70%
	星期二：
	• 挺举：2×3@80%，2×2@85%，1×3@90%
	• 仰卧蹬腿：3×8@80%
	• 股后肌群：3×8@80%
	• 抓举：3×5@70%
	• 腰系皮带腿蹬伸：2×3@80%，2×5@80%
力量和速度	爆发力（半个中周期）
	• 上一步，两步起跳
	• 半程助跑、全程助跑起跳
	• 跳箱
	• 横向跳越凳子
	• 跳栏架
	• 跳深
	耐力（半个中周期）
	• 长距离跳跃
技术	全程助跑
	专项练习
综合投掷	实心球和多种中等重量器械
柔韧	静力拉伸
	动力拉伸
协调	专项练习

内容	练习
室内比赛阶段	
跑	快速跑过栏架 跨步跳/后蹬跑
力量	专项力量（半个中周期）；2 次课/周 • 抓举：1×6@80% • 深蹲：1×6@70%，1×5@80%，1×4@85% • 股后肌群：1×6@70%，1×5@80%，1×4@85% • 横向跳越凳子：1×20 • 高翻：1×6@70%，1×5@80%，1×4@85% 半个小周期： • 最大或接近最大重量提拉杠铃，14 天或更少时间 1 次
力量和速度	全程助跑或技能练习 • 快速助跑跳 • 跳深 • 短距离助跑起跳 轻器械投掷
技术	专项练习
柔韧	静力拉伸 动力拉伸
室外比赛阶段	
内容	练习
跑	速度
力量	半个中周期，2 次课/周 第 1 天： • 抓举：1×6@70%，1×4@80% • 股后肌群：1×6@70%，1×5@80%，1×4@85% • 手持哑铃横向跳越凳子：1×12 • 高翻：1×6@70%，1×5@80%，1×4@85% 第 2 天： • 深蹲：1×6@70%，1×4@85% • 腰系皮带牵拉：1×8@70%，1×6@75%，1×6@80%

(续表)

力量	• 股后肌群：1×5@75%，1×4@85% • 横向跳越凳子：1×15 • 高翻：1×6@75%，1×4@85% 半个中周期，1次课/周 • 高翻：1×6@70%，1×5@80%，1×4@85% • 深蹲：1×6@70%，1×5@80%，1×4@85% • 股后肌群：1×8@70%，1×6@75%，1×6@80% • 横向跳越凳子：1×12
力量和速度	跳跃专项练习
技术	比赛分析
综合投掷	轻器械投掷
柔韧	静力拉伸 动力拉伸

结束语

为总结这一章中所述的内容，下面提供一些指导，以帮助跳跃教练员制订训练计划：

• 从大到小、从长期到短期考虑。一开始就要在头脑中有一个目标，从一般到特殊、长期到短期予以考虑。初期的赛季更多的是基本训练，在设计时要更加开阔，强调运动员第一、跳跃选手第二。

• 有训练计划，注意记录。即使是一个糟糕的训练计划也比没有计划好，至少它告诉你不去做什么。没有训练记录，长期训练过程的监控是不可能的。

• 渐进。要理解负荷，尤其是运动量和强度如何相互作用。同时还要理解恢复对训练过程的价值。

• 从目标日期向后建立训练模型。

• 每年增加10%~15%的运动量。超过将会带来损伤。

- 对训练保持整体关注。训练因素仅是施加给运动员的部分应激源，要了解训练之外可能对成绩和目标产生影响的其他可变因素的作用。
- 建立基于主题的训练模式。速度、力量和技术的发展主题是很重要的，因为他们提供了从普遍到特殊的训练模式，以配合运动员的适应性。更强调的是，当运动员适应训练后他们要求更复杂的活动安排。
- 记住休息对训练过程是如何重要。恢复对短期（训练课本身）和长期（建立每四周的恢复周期）都是重要的。年轻运动员比年长的需要更多的休息和恢复。

看训练场的情景会觉得执教是多么容易：在纸上写些东西，每天用卷尺测量和手中的秒表计时，然后让运动员做他们的事情。当然，教练员明白训练过程远比这复杂得多。教练员不只是要处理训练的基本事情，这是很容易的。为追求卓越，教练员必须读很多资料，接触这个领域最好的教练员，研究优秀运动员的录像。

用很小的工作量和训练便很容易学会训练的基本事情，但了解训练的生理内容只是起点，其他突出的问题是超出教练员基本知识和训练模式之外的，而这些问题将会影响到运动成绩：教练员和运动员的个性（及有关交流问题）和家庭环境问题、社会生活、营养、学业和工作。教练员必须晓得这些问题如何相互影响，一个问题的发生很可能辐射到其他问题。平衡是训练一致性和进步的关键。意识总是教练员的首要目标。

附 录

得分	站立起跑30米冲刺跑	立定跳远	低手前抛铅球	立定三级跳远	后抛铅球	150米跑	600米跑
1000	3.60	3.60	22.80	10.50	17.00	16.00	01:20.0
990	3.61	3.58	22.57		16.88	16.10	01:20.7
980	3.62	3.56	22.34	10.35	16.76	16.20	01:21.4
970	3.63	3.54	22.11		16.64	16.30	01:22.1
960	3.64	3.52	21.88	10.20	16.52	16.40	01:22.8
950	3.65	3.50	21.65		16.40	16.50	01:23.5
940	3.66	3.48	21.42	10.05	16.28	16.60	01:24.2
930	3.67	3.46	21.19		16.16	16.70	01:24.9
920	3.68	3.44	20.90	9.90	16.04	16.80	01:25.6
910	3.69	3.42	20.73		15.92	16.90	01:26.3
900	3.70	3.40	20.50	9.75	15.80	17.00	01:27.0
890	3.71	3.38	20.27		15.68	17.10	01:27.7
880	3.72	3.36	20.04	9.60	15.56	17.20	01:28.4
870	3.73	3.34	19.81		15.44	17.30	01:29.1
860	3.73	3.32	19.85	9.45	15.32	17.40	01:29.8
850	3.75	3.30	19.35		15.20	17.50	01:30.5
840	3.76	3.28	19.12	9.30	15.08	17.60	01:31.2
830	3.77	3.26	18.89		14.96	17.70	01:31.9
820	3.78	3.24	18.66	9.15	14.84	17.80	01:32.6
810	3.79	3.22	18.43		14.72	17.90	01:33.3
800	3.80	3.20	18.20	9.00	14.60	18.00	01:34.0
790	3.81	3.18	17.97		14.48	18.10	01:34.7
780	3.82	3.16	17.74	8.85	14.36	18.20	01:35.4
770	3.83	3.14	17.51		14.24	18.30	01:36.1
760	3.84	3.12	17.28	8.70	14.12	18.40	01:36.8
750	3.85	3.10	17.05		14.00	18.50	01:37.5

(续表)

得分	站立起跑 30米冲刺跑	立定 跳远	低手前 抛铅球	立定三 级跳远	后抛 铅球	150米跑	600米跑
740	3.86	3.08	16.82	8.55	13.88	18.60	01:38.2
730	3.87	3.06	16.59		13.76	18.70	01:38.9
720	3.88	3.04	16.36	8.40	13.64	18.80	01:39.6
710	3.89	3.02	16.13		13.52	18.90	01:40.3
700	3.90	3.00	15.90	8.25	13.40	19.00	01:41.0
690	3.91	2.98	15.67		13.28	19.10	01:41.7
680	3.92	2.96	15.44	8.10	13.16	19.20	01:42.4
670	3.93	2.94	15.21		13.04	19.30	01:43.1
660	3.94	2.92	14.98	7.95	12.92	19.40	01:43.8
650	3.95	2.90	14.75		12.80	19.50	01:44.5
640	3.96	2.88	14.52	7.80	12.68	19.60	01:45.2
630	3.97	2.86	14.29		12.56	19.70	01:45.9
620	3.98	2.84	14.06	7.65	12.44	19.80	01:46.6
610	3.99	2.82	13.83		12.32	19.90	01:47.3
600	4.00	2.82	13.60	7.50	12.20	20.00	01:48.0
590	4.01	2.78	13.37		12.08	20.10	01:48.7
580	4.02	2.76	13.14	7.35	11.96	20.20	01:49.4
570	4.03	2.74	12.91		11.84	20.30	01:50.1
560	4.04	2.72	12.68	7.20	11.72	20.40	01:50.8
550	4.05	2.70	12.45		11.60	20.50	01:51.5
540	4.06	2.68	12.22	7.05	11.48	20.60	01:52.2
530	4.07	2.66	11.99		11.36	20.70	01:52.9
520	4.08	2.64	11.76	6.90	11.24	20.80	01:53.6
510	4.09	2.62	11.53		11.12	20.90	01:54.3
500	4.10	2.60	11.30	6.75	11.00	21.00	01:55.0
490	4.11	2.58	11.07		10.88	21.10	01:55.7
480	4.12	2.56	10.84	6.60	10.76	21.20	01:56.4
470	4.13	2.54	10.61		10.64	21.30	01:57.1
460	4.14	2.52	10.38	6.45	10.52	21.40	01:57.8
450	4.15	2.50	10.15		10.40	21.50	01:58.5

(续表)

得分	站立起跑 30米冲刺跑	立定跳远	低手前抛铅球	立定三级跳远	后抛铅球	150米跑	600米跑
440	4.16	2.48	9.92	6.30	10.28	21.60	01:59.2
430	4.17	2.46	9.69		10.16	21.70	01:59.9
420	4.18	2.44	9.46	6.15	10.04	21.80	02:00.6
410	4.19	2.42	9.23		9.92	21.90	02:01.3
400	4.20	2.40	9.00	6.00	9.80	22.00	02:02.0
390	4.21	2.38	8.77		9.68	22.10	02:02.7
380	4.22	2.36	8.54	5.85	9.56	22.20	02:03.4
370	4.23	2.34	8.31		9.44	22.30	02:04.1
360	4.24	2.32	8.08	5.70	9.32	22.40	02:04.8
350	4.25	2.30	7.85		9.20	22.50	02:05.5
340	4.26	2.28	7.62	5.55	9.08	22.60	02:06.2
330	4.27	2.26	7.39		8.96	22.70	02:06.9
320	4.28	2.24	7.16	5.40	8.84	22.80	02:07.6
310	4.29	2.22	6.93		8.72	22.90	02:08.3
300	4.30	2.20	6.70	5.25	8.60	23.00	02:09.0
290	4.31	2.18	6.47		8.48	23.10	02:09.7
280	4.32	2.16	6.24	5.10	8.36	23.20	02:10.4
270	4.33	2.14	6.01		8.24	23.30	02:11.1
260	4.34	2.12	5.78	4.95	8.12	23.40	02:11.8
250	4.35	2.10	5.55		8.00	23.50	02:12.5
240	4.36	2.08	5.32	4.80	7.88	23.60	02:13.2
230	4.37	2.06	5.09		7.76	23.70	02:13.9
220	4.38	2.04	4.86	4.65	7.64	23.80	02:14.6
210	4.39	2.02	4.63		7.52	23.90	02:15.3
200	4.40	2.00	4.40	4.50	7.40	24.00	02:16.0
190	4.41	1.98	4.17		7.28	24.10	02:16.7
180	4.42	1.96	3.94	4.35	7.16	24.20	02:17.4
170	4.43	1.94	3.71		7.04	24.30	02:18.1
160	4.44	1.92	3.48	4.20	6.92	24.40	02:18.8
150	4.45	1.90	3.25		6.80	24.50	02:19.5

(续表)

得分	站立起跑 30米冲刺跑	立定跳远	低手前抛铅球	立定三级跳远	后抛铅球	150米跑	600米跑
140	4.46	1.88	3.02	4.05	6.68	24.60	02:20.2
130	4.47	1.86	2.79		6.56	24.70	02:20.9
120	4.48	1.84	2.56	3.90	6.44	24.80	02:21.6
110	4.49	1.82	2.33		6.32	24.90	02:22.3
100	4.50	1.80	2.10	3.75	6.20	25.00	02:23.0
90	4.51	1.78	1.87		6.08	25.10	02:23.7
80	4.52	1.76	1.64	3.60	5.96	25.20	02:24.4
70	4.53	1.74	1.41		5.84	25.30	02:25.1
60	4.54	1.72	1.18	3.45	5.72	25.40	02:25.8
50	4.55	1.70	0.95		5.60	25.50	02:26.5
40	4.56	1.68	0.72	3.30	5.48	25.60	02:27.2
30	4.57	1.66	0.49		5.36	25.70	02:27.9
20	4.58	1.64	0.26	3.15	5.24	25.80	02:28.6
10	4.59	1.62	0.03		5.12	25.90	02:29.3

参考文献

第一章

Tellez, T.2003. Biomechanics of sprinting. Unpublished.

第二章

Dapena, J.2000. The high jump. In *Biomechanics in sport*, ed.V. Zatsiorsky, pp.284—311. Oxford, UK: Blackwell Science.

Dyson, G.1977. Mechanics of athletics. New York: Holmes and Meier.

Hay, J., J.A.Miller, and R.W.Canterna.1983. *Biomechanical analysis*.1983 TAC Championships: Indianapolis, IN.

McGinnis, P.2006. *Research results from top male and female pole—vaulters from 2003—2006*. USATF Elite Athlete Scientific Studies Program:Indianapolis, IN.

Miller, J.A., andJ.Hay.1985. *Biomechanical analysis*.1958 TAC Championships: Indianapolis, IN.

第三章

Ecker, T.1996. *Basic track and field biomechanics* (2nd ed.). Mountain View, CA: Tafnews Press.

第五章

Badon, T.1988. Constructing and utilizing the "ultimate" jump ramp. *Track Technique*, 106, 3378—3380.

Dapena, J.2000. The high jump. In *Biomechanics in sport*, ed.V.

Zatsiorsky, pp.284—311.Oxford, UK: Blackwell Science.

Dapena, J., Gordon, B., and B.Meyer.2006. *High jump, #20 (women) report for scientific services project* (USATF). USA: Track & field.Indianapolis, IN.11, 22, 97.

Dapena, J., and A.Iiboshi.1997. A closer look an the shape of the high jump run—up.Track Coach, 138, 4406—4411.

Greig, M., and M.Yeadon.2000.The influence of touchdown parameters on the performance of a high jumper.*Applied Biomechanics*, 16, 367—378.

第七章

Benson, H.1975. *The relaxation response.* New York: Avon Books.

Gould, D., and E.Udry.1994. psychological skills for enhancing performance:Arousal regulation strategies.Medicine and Science in Sports and Exercise, 26, 478—485.

Heil, J.1995.Imagery. In *Sport psychology: An analysis of athletic behavior*, eds.K.Henschen and W.Staub, 3rd ed., pp.183—191. Longmeadow, MA: Movement Publications.

Henschen, K.2005. Mental practice—Skill oriented. In *Handbook of research in applied sport and exercise psychology: International perspectives*, eds.D.Hachfort, J.L.Duda, and R.Lidor, pp.19—34. Morgantown, WV: Fitness Information Technology.

Jacobsen, E.1930. *Progressive relaxation.* Chicago, IL: University of Chicago Press.

Krenz, E.W.1983. *Modified autogenic training.* Salt Lake City, UT:I.I.P.associates.

Lidor, R., and R.N.Singer.2003. Performance routines in self—paced tasks: Developmental and educational considerations. In *The psychology of team sports*, eds. R.Lidor and K.Henschen, pp.69—98. Morgantown WV: Fitness Information Technology.

Moran, A.2003. Improving concentration skills in team—sport

performers: Focusing techniques for soccer players. In *The psychology of team sports*, eds. R. Lidor and K.Henschen, pp.161—169. Morgantown WV: Fitness Information Technology.

Reardon, J., and R.Gordin.1992. Psychological skill development leading to a peak performance "flow state." *Track and Field Quarterly*, 92, 22—25.

Vernacchia, R.A.2003. Working with individual team sports: The psychology of track and field. In *The psychology of team sports*, eds. R.Lidor and K.Henschen, pp.235—263. Morgantown WV: Fitness Information Technology.

第九章

Bompa, T.1999. *Periodization: Theory and methodology of training*, 4th ed. Champaign, IL: Human Kinetics.

Freeman, W.H.1989. *Peak when it counts*. Los Altos, CA: Tafnews Press.

Harre, D.1982. *Principles of sports training*. Berlin, Germany: Sportsverlag.

Meyers, A.W., and J.P.Whelan.1998. A systemic model for understanding psychosocial influences in *Overtraining in soprt*, eds.R. Kreider, A.Fry, and M.O' Too; e, pp.335—372. Champaign, IL: Human Kinetics.

参考书目

Dapena, J.2000. The high jump. In *Biomechanics in sport*, ed.V. Zatsiorsky, pp.284—311. Oxford, UK: Blackwell Science.284—311.

Dapen, J., and R.Vaughn.1993. *Men's high jump #10*. Indianapolis, IN: TAC/USOC.

Dyson, G.1977. *Mechanics of athletics*. New York: Holmes and Meier.

Gros, H., and K.Kunkel.1988. Biomechanical research: Olympic Games in Seoul.Seoul, Korea:Amateur Athletic federation.

Hay, J. 1973. The biomechanics of sports techniques. In *athletics*, 2nd ed. Englewood Cliffs, NJ: Prentice Hall.

Hay, J., and J.W.Feuerbach.1989. *Biomechanical analysis and technique of Carl Lewis*. Iowa City, IA: University of Iowa.

Hay, J., J.A.Miller, Jr., and R.W.Canterna.1986. The techniques of elite male long jumpers. *Journal of Biomechanics*, 19 (10), 855—866.

Jacoby, E., and B.fraley.1995. *The complete book of jumps*. Chanpaign, IL: Human Kinetics.

Light, R., C. Rovelto, G. Sefcik, and I.Schexnayder.2003. USATF *coaching education level 2 curriculum combined events*. Unpublished.41—42, 43, 90—92.

McGinnis, P.2006. *Rsearch results from top male and female pole—vaulters from 2003—2006*. USATF Elite Athlete Scientific Studies Program: Indianapolis, IN.

Miller, J.A., Jr., and J.G. Hay.1986. Kinematics of a world record and other world class performances in the triple jump. *Interna-*

tional Journal of Sport Biomechanics, 2 (4), 272—288.

Novacheck, T.1988. The biomechanics of running. St.Paul, MN: Motion Analysis Laboratory, University of Minnesota, Gillette Children's Specialty Healthcare.

Smith, S., and E.Russell.2005. Acase study: A biomechanical analysis of selected parameters measured in the approach of an elite male high jumper. Unpublished.23.

Tellez, T.2003. Biomechanics of sprinting. Unpublished paper.

Vaughan, C.L.1990. Biomechanics of running gait. Critical Reviews in Biomechanical Engineering, 12 (1), 1—48.

Vaughan, R. 1994. Independent study on velocity and center of gravity height. Personal interview. Boise State University.

Weyland, P.G., D.Sternlight, M.J. Bellizzi, and S.Wright.2000. Faster top running speeds are achieved with greater ground forces not more rapid leg movements. Journal of Applied Physiology, 89, 1991—1999.

关于主编

作为在爱达荷州的博伊西州立大学执教 24 年的田径主教练,埃德·雅各比曾 3 次荣获 NCAA 年度地区教练员和 10 次年度大天空联合会教练员。他还是 1992 年奥运会美国田径队的助理教练,1993 年世界田径竞标赛的主教练,美国田径协会跳高项目的协调员,以及国家田径发展委员会主席。

雅各比,一位杰出的教练员,编写了 3 本书,努力钻研生物力学、训练原则和训练方法学的专业知识。他的著作《跳跃项目全书》被美国田径新闻称为在跳跃项目领域最好的出版物。雅各比是美国田径协会会员和越野教练员名人堂的成员。

关于撰稿人

Will Freeman 是依阿华州格林内尔学院径赛主教练。他在美国和世界范围积极进行专业指导、教授和现场指导教学。他已经出版了 3 本书,编写了 19 套执教的视频,现为美国国家田径教练教育协会主席。

Keith Henschen 是犹他大学训练和运动科学系教授,拥有应用运动心理学领域的专门知识。他已发表了 200 多篇文章、撰写了 35 章节的著作和 5 本专著,合著了 5 本著作,进行了 400 多次演讲。他为奥运会、专业和世界级的运动员提供了无数咨询。Henschen 也是 NBA 犹他爵士队的运动心理顾问。

Greg Hull 是菲尼克斯的天空竞技运动撑竿跳高俱乐部的创始人和主管。在那里，他训练了很多精英运动员，包括 2000 年奥运会金牌得主 Nick Hysong。他也接管了 2000 年奥运会女子金牌选手 Stacy Dragila 的教练职责。他是撑竿跳高项目美国奥林匹克田径发展国家合作领域的教练员。

Cliff Rovelto，堪萨斯州立大学田径主教练，已经带出了跳高项目 3 名 NCAA 冠军、36 名全美冠军和 22 名联合会冠军。他的队员赢得了 9 次全国冠军，他本人是 4 届奥运会选手。他是 6 次美国队教练组成员，还是 2001 年女子室外国家田径队教练员。

关于撰稿人

Irving "Boo" Schexnayder 是路易斯安纳州立大学跳跃和七项全能教练员。自 2000 年以来，他的运动员在三级跳远项目赢得了 8 次室内和室外 NCAA 全国冠军，在 2004 年室内冠军赛中，包揽了前三名。Schexnayder 是 2007 年国际田联世界青年锦标赛美国队的助理教练，作为美国田径队教练员成员也参加了 2008 年奥运会。

Kyle Tellez 是休斯敦大学联合主教练。在休斯敦大学任职跳跃和综合训练期间，他带出了 7 名全美冠军，包括 2 次 NCAA 跳远冠军 Jenny Adams。

Tom Tellez 教出了很多优秀运动员，包括卡尔·刘易斯。在成为休斯敦大学主教练前，他在 UCLA 执教达 22 年。在 1984 年和 1996 年，获得奥运会金牌的 7 名美国短跑运动员中的 6 名是由 Tellez 指导的队员。1991 年他担任世界田径锦标赛美国队的主教练。Tellez 是美国田径协会会员和越野教练员名人堂成员。

致 谢

Ed Jacoby

感谢我的妻子Jean，她已五十多岁了，却鼓励一个很不情愿花费时间和精力的人召集作者完成这本书的撰写工作。她说："你对这项体育运动负有责任。"

真心感谢对本书作出贡献的作者，他们是跳跃项目教师和教练员的最好代表。在多年的田径专业教练生涯中，他们相互之间结下了深厚的友谊，他们努力完成了这项任务。参与本书编写的教练员实际上是各田径项目教练员团队中的一员，他们拥有强烈的事业心支持跳跃项目，并影响着跳跃项目。这些教练员也是大家崇拜的偶像，他们分别是Greg Hull，来自MF田径队；Keith Henschen博士来自犹他大学；Will Freeman博士来自格林内尔学院；Cliff Rovelto来自堪萨斯州立大学；Tom和Kyle Tellez来自休斯敦大学；Boo Schexnayder，2008年奥运会美国国家队跳跃项目教练员。

Ron Mann教练员和我的儿子Jack Jacoby教练员，以及路易斯威尔大学为本书提供了示范的运动员和场地设施。这些运动员是Tone Belt, Andre Black, Rudon Bastian, Kyle Gann, Phil Feinberg, Amaka Omenyinma, Seidre Forde 和 Andrea Sabbatine。

我的一位老朋友John Chaplin，来自美国田径队，他设法为本书获得了2008年美国奥林匹克田径队的比赛资料。

Tom Garrett博士和Tartan-APS使我有幸和一些从事教练工作的朋友朝夕相处，为本书的编写提供了许多便利。从本书开始计划到完成，Tom给了我很多鼓励。

我已经从事了45年的教练工作，同年轻运动员和教练员一起共事的经历是难以用语言描述的。真心希望此书能对运动员和教练员提供有益的帮助。

版权声明

书名：Winning jumps and pole Vault
Copyright© 2009 by Ed Jacoby.
All rights reserved. Except for use in a review, the reproduction or utilization of this work in any form or by any electronic, mechanical, or other means, now known or hereafter invented, including xerography, photocopying, and recording, and in any information storage and retrieval system, is forbidden without the written permission of the publisher.

版权合同登记号：图字 01-2010-5456